BULLETIN

de la
Maison Franco-Japonaise

Série Française
I . 1 .

TOKIO

Maison Franco-Japonaise

1927

Sylvain Lévi

**Matériaux japonais
pour l'étude du bouddhisme**

ERRATA

page	ligne	au lieu de	lire	page	ligne	au lieu de	lire
1	31	Takutsuû	Takutsû	29	12	12 ètudiants	12 étudiants
3	12	oeuvse	œuvre	29	31	an mont	au mont
6	9	Commentaire).	eommentaire.	30	34	Soshijikyô	Soshijjikyô
6	13	八宗綱要	(八宗綱要	31	31	Bofs	Bois
7	4	Jodo	Jôdo	32	18	746	748
7	31	Nanj	Nanj.	32	23	四分戒	四分戒本
7	33	V. Wogihara	U. Wogihara	33	3	746	-748
8	32	Shiodame	Shiodome	33	27	Shôan	Jôan
10	33	Eto	Etô	33	32	Zôzôji	Zôjôji
11	12	Sato	Satô	36	5	l'Oeil	l'Œil
11	13	Lc	Le	36	15	Doitsu	Dôitsu
12	18	oeuvres	œuvres	37	9	Sôkokuji	Shôkokuji
13	4	Tokushe	Tokushi	39	15	patrıarche	patriarche
13	7	Dengyo	Dengyô	40	25	le Tokugawa	Tokugawa
13	30	Upanisads	Upanisad	40	25	德川家康	德川家綱
14	4	Hosso	Hossô	40	26	monastére	monastère
14	5	Hôno-girinshô	Hôon-girinjô	41	20	(1227)	(1327)
14	14	An-l o-tsi	An-lo-tsi	41	25	(1226)	(1326)
15	15	Upanisad) 1ᶜ an-née).	Upanisad (1ᵉ an-née).	42	15	annéee	année
				42	20	Shôgeu	Jôgen
19	12	(édition générale).	(édition générale et livres d'oc-casion)	42	28	Shôgen	Jôgen
				42	32	惠照寺	專照寺
19	23	東京京市	東京市	43	8	faire	faire
21	26	(Mauchourie).	(Manchourie).	43	25	Hawai	Hawaï
22	1	-daigakuronô	-daigakuronsô	47	33	l'in..cation	l'invocation
22	18	Koyasan	Kôyasan	49	5	Oeuvres	Œuvres
23	25	dc	de	49	26	顯揚聖教論	顯揚聖教論
26	1	le	la	50	30	(en Awa)	(en Awa),
26	5	le	la	52	8	Propriètés	Propriétés
26	12	tanto	danto	52	11	(á l'Etat	(à l'Etat
26	14	que	que	52	16	Hawai	Hawaï
27	19	personnel Iement	personnellement	53	18	不受不旋	不受不施
27	27	Jitshô	Jishô	55	26	succint	succinct
27	31	deuxiéme	deuxième	56	15	l'Université	la Faculté libre des lettres de
28	11	Soshijikyô	Soshijjikyô				
28	32	d'euseigrement	d'enseignement	61	12	voeu	vœu

page	ligne	au lieu de	lire
28	13—14	le Shikikôen-Hokkegi-juketsu 指歸 講演法華儀授決集 de Enshin	Shiki 指歸, Kôenhokkegi 講演法華儀, Ju-ketsushû 授決集 de Enchin
29	21	(Eka)	(Keka)

TABLE DES MATIERES

La Maison Franco-Japonaise, née d'un élan de rapprochement spontané entre deux grands peuples, est vouée par son
origine à une double activité : introduire au Japon une
connaissance plus exacte et plus complète de la France
contemporaine, si souvent ignorée, méconnue ou calomniée ;
répandre en France, et par le véhicule de la langue française, dans le monde occidental, une représentation plus
réelle et plus juste de ce Japon qu'une tradition tenace
s'obstine à peindre avec des couleurs artificielles à l'usage
de l'Occident. Pour réaliser ce programme, nous nous
proposons entre autres tâches de publier en fascicules
intermittents, sans aucune astreinte de périodicité, des bul-
letins d'informations traitant chacun d'une question spéciale
dans les ordres les plus divers, au hasard des collabora-
tions disponibles ou des sujets recommandés par l'actualité.
Le personnel de la Maison Franco-Japonaise, même dans
les conditions les plus favorables, ne sera jamais assez
nombreux pour couvrir toute l'étendue de la vie contemporaine au Japon dans toutes ses manifestations : sciences,
arts, littérature, philologie, histoire, croyances, industrie,
commerce etc. Il est permis d'espérer toutefois que des
exemples bien choisis pourront, comme des coups de sonde
au fond d'un océan, donner un aperçu de l'ensemble aux
esprits curieux de savoir et de comprendre.

Appelé à inaugurer cette série, j'ai naturellement porté
mon attention sur les études bouddhiques où je me suis
engagé depuis longtemps. On m'excusera de rappeler
ici, comme une sorte de symbole anticipé de l'œuvre à
laquelle j'ai l'honneur de participer aujourd'hui, que mes
premiers élèves japonais, Fujishima (Ryôon) 藤島了穏 et
Fujiéda (Takutsuû) 藤枝澤通 envoyés à Paris par le Nishi-
Honganji pour y recevoir mes leçons en 1887, m'ont mis en
contact avec le bouddhisme japonais il y a quarante ans
déjà. Le petit livre de R. Fujishima : Les Douze Sectes
Bouddhiques du Japon, publié à Paris en mars 1888, est le
premier témoignage du rapprochement, qui s'est toujours
fait plus intime depuis, entre les bouddhisants de la France

et du Japon.

Il m'a semblé utile de réunir dans un premier fascicule, comme une sorte d'introduction, un inventaire du bouddhisme contemporain. J'ai dressé un tableau des enseignements consacrés au bouddhisme dans toutes les Universités, impériales ou libres, avec l'indication des sujets traités au cours de la présente année scolaire. On pourra, d'un coup d'œil, mesurer l'importance que ces études ont encore aujourd'hui dans l'ensemble de la culture japonaise. Le choix des sujets montre d'autre part ce qui constitute l'intérêt permanent de cet enseignement et les questions portées actuellement à l'ordre du jour.

On trouvera ensuite une liste des principaux périodiques consacrés aux études bouddhiques et de ceux aussi qui touchent à ce domaine. Les matériaux de cette section ont été empruntés à une bibliographie beaucoup plus étendue que M. S. Fujii 藤井草宣 a publiée dans le Gendai Bukkyô, 現代佛教 3e année (1926), numéros de Juin et Juillet, sous le titre de Gakkai sôran 學界綜覽. Je tiens à remercier ici M. Fujii qui a bien voulu compléter par des communications verbales les renseignements qu'il avait publiés. C'est encore à la science et à l'obligeance de M. Fujii que je suis redevable de la Liste des principales sociétés d'études bouddhiques, avec l'indication des personnalités dirigeantes, et de la Liste des principales librairies qui éditent ou recueillent les ouvrages ayant trait au Bouddhisme. Le commerce de l'édition et de la librairie est encore, il faut le reconnaître, dans un état rudimentaire et inorganique au Japon ; peu de maisons publient des catalogues ; souvent ces catalogues ne sont que des listes touffues et confuses où le spécialiste seul peut se débrouiller. Les chercheurs occidentaux sauront maintenant à quelle porte frapper ou à quelle adresse écrire s'ils tiennent à se renseigner directement sur la publication japonaise.

J'ai tiré d'un ouvrage tout récent, et qui n'a pas été mis dans le commerce, l'ensemble des informations réunies dans l'Inventaire des Sectes bouddhiques japonaises. J'ose dire qu'on trouvera ici pour la première fois ces données réelles qui donnent la sensation directe de la vie. Les savants qui s'appliquent à l'étude du bouddhisme en Occident croient trop facilement qu'ils travaillent sur des idées et des formes mortes ou sur des entités doctrinales ; les rares ouvrages sur le bouddhisme japonais accessibles aux lecteurs occidentaux corroborent ce préjugé en limitant leur exposé à l'histoire et à l'énoncé des doctrines. Les faits et les chiffres réunis dans cette section corrigeront, je l'espère, cette erreur d'optique.

Pour montrer l'effort collectif des sectes réalisé dans une oeuvre commune de science et de piété combinées, j'ai rassemblé dans une dernière notice un ensemble d'informations inédites sur l'organisation, l'élaboration et la publication de la nouvelle collection canonique du Bouddhisme : Taisho Issaikyô. J'ai pu réunir ces informations grâce à l'obligeance de mon collègue et vieil ami, le Prof. J. Takakusu, 高楠順次郎氏 et aussi d'un savant très distingué dont le nom devrait être connu en dehors du Japon, M. Ono (Gemmyô) 小野玄妙氏

J'ai le droit de constater en finissant qu'aucune publication japonaise ne fournit, même aux lecteurs japonais, l'ensemble de renseignements que j'ai pu grouper ici.

J'ai aussi l'agréable devoir de remercier M. Akamatsu (Hidekage) 赤松秀景氏 et M. Demiéville qui m'ont apporté un précieux concours pour la préparation et la mise en œuvre des documents rédigés en langue japonaise.

Enseignements et cours relatifs au bouddhisme dans les Universités japonaises

I.—Universités Impériales

Université impériale de Tokyo

Philosophie.

Philosophie de l'Inde.—T. Kimura 木村泰賢 p.

Histoire générale des doctrines philosophiques du Bouddhisme indien, et spécialement du Mahâyâna.—Développement des doctrines du Yoga.—Explication du Yogasûtra.

K. Tokiwa 常盤大定 m. c.

Histoire générale des doctrines philosophiques du Bouddhisme chinois.—Les doctrines philosophiques de la Chine et le Bouddhisme.—Explication d'inscriptions bouddhiques.

D. Shimaji 島地大等 m. c.

Explication d'un commentaire de l'Avatamsaka (Kegon-tangenki 華嚴探玄記).—Histoire des doctrines du Bouddhisme japonais.

Histoire des Religions.

Sciences Religieuses.—M. Anesaki 姉崎正治 p.

Histoire religieuse du Japon.—Croyances relatives à la transmigration et à l'immortalité.

K. Yabuki 矢吹慶輝 m. c.

La doctrine des Trois Degrés (étude d'une ancienne école bouddhique).

Langues.

Langue sanscrite.—J. Takakusu 高楠順次郎 p.

Eléments de sanscrit.—Explication de la Bhagavad gîtâ. — Explication du Lankâvatâra sûtra. — Cours supérieur pour les étudiants gradués :

Explication du Buddhacarita.—Explication du Rg-Veda.

Langue palie.—M. Nagai 長井眞琴 m. c.

Eléments de pali.—Explication de textes palis.

Langue tibétaine.—C. Ikeda 池田澄達 m. c.

Explication de textes tibétains.—Le Bouddhisme au Tibet.

Université Impériale de Kyoto

Philosophie.

Philosophie de l'Inde.—B. Matsumoto 松本文三郎 p.

La philosophie indienne.—Etudes particulières sur la propagation du Bouddhisme.—Explication du Samayabhedacakra sâstra (de Vasumitra).

Y. Saito 齋藤唯信 m. c.

La morale Bouddhique.—Explication du Yuen-jin louen 原人論·

R. Hatani 羽溪了諦 m. c.

Etudes de philosophie bouddhique.—Histoire du Bouddhisme chinois.—Etudes sur Nâgârjuna.

T. Watsuji 和辻哲郎 p. a.

Histoire des doctrines morales du Bouddhisme.

Esthétique.—S. Sawamura 澤村專太郎 p. a.

Histoire de l'art bouddhique en Chine.

Langues.

Langue sancrite.—R. Sakaki 榊亮三郎 p.

Eléments de sanscrit.—Explication de l'Abhidharmakosa. —Morceaux choisis de la Chrestomathie de Böhtlingk. —Etude du Ta-T'ang Si-yu kiu-fa kao-seng tch'oan 大唐西域求法高僧傳 de Yi-tsing 義淨.—Lecture de textes palis.

S. Hara 原眞兼 m. c.

Grammaire sanscrite.

G. Tokiwai 常盤井堯猷 m. c.

Explication de textes védiques.

Langue tibétaine.—E. Teramoto 寺本婉雅 m. c.

Explication du So-sor thar-pa'i mdo (Prâtimoksa-sûtra).
—Grammaire tibétaine.

Université Impériale de Tohoku, à Sendai

Philosophie.

Philosophie de l'Inde.—H. Ui 宇井伯壽 p.

La philosophie indienne.—Explication du Mahâyânasraddhotpâdasâstra (Ki-sin louen 起信論) texte et
commentaire).

E. Kanakura 金倉圓照 p. a.

Etude du livre de O. Strauss, Indische Philosophie.

S. Terasaki 寺崎修一 p. a.

Explication du Hasshû-Kôyô 八宗綱要 sur les huit
sectes bouddhiques du Japon)

S. Suzuki 鈴木宗忠 p.

Explication du texte chinois de la Trimsikâ.

Langues.

Langue sanscrite.—H. Ui 宇井伯壽 p.

Explication du Nyâyasûtra.—Eléments de langue palie.

E. Kanakura 金倉圓照 p. a.

Eléments de langue sanscrite.

Université Impériale de Kyushu, à Fukuoka

Philosophie.

Philosophie indienne.—R. Higata 干瀉龍祥 p.

Aperçu général de la philosophie indienne.

Langues

Langue sanscrite.—G. Onojima 小野島行忍 p. a.

Eléments de sanscrit.

II.—Etablissements libres

Faculté libre des Lettres de Taishô (Taishô-daigaku 大正大學) à Sugamo, Tokyo-fu; fondée et entretenue par quatre sectes : Jodo, Tendai, Sôtô (Zen), Shingon.

Philosophie.   J. Takakusu 高楠順次郎

Philosophie indienne

S. Mochizuki 望月信亨

Introduction au Bouddhisme.—La doctrine de la Terre Pure (Jôdo) 淨土.—Histoire de la doctrine du Jôdo.

B. Shiio 椎尾辨匡

Histoire de la doctrine bouddhique.

J. Masuda 增田慈良

Les écoles du Hînayâna.

J. Washio 鷲尾順敬

Histoire du Bouddhisme au Japon.

T. Tamura 田村德海

Introduction à la doctrine du Tendai.

R. Kambayashi 神林隆淨

Introduction à la doctrine du Mikkyô 密敎 (Tantra).—Histoire du Mikkyô.

S. Kato 加藤精神

Histoire des doctrines du Mikkyô (Tantra).—Explication du texte chinois du Vijnaptimâtrasiddhisâstra 唯識論.

K. Ishii 石井敎道

Histoire des diverses écoles du Jôdo.

H. Ono 大野法道

Critique du Saddharmapundarîka, version chinoise.

G. Fugaku 浮岳堯允

Explication du commentaire Hiuan-yi sur le Saddharmapundarîkasûtra (Nanj 1534).

Langues.

Langue sanscrite.—V. Wogihara 荻原雲來

Explication de l'Abhidharmakosa.

Université libre (et laïque) de Keio (Keio-daigaku 慶應大學) à Tokyo.

Faculté des Lettres.

Philosophie.

Philosophie indienne et bouddhisme.—Tokiwa 常盤大定 m.c.
La philosophie dans l'Inde.—Le développement de la doctrine bouddhique en Chine et au Japon.

(En outre, dans un cours organisé par l'Association des Etudiants boudddhistes de Keiô, M. E. Tomomatsu 友松圓諦 professeur aux cours préparatoires de l'Université Keiô, explique le texte pali du Dhammapada).

Université libre de Nihon (Nihon-daigaku 日本大學) à Tokyo.

Faculté des Lettres.

Philosophie.   K. Yamamoto 山本快龍
La philosophie indienne.

M. Nagai 長井眞琴
Le Bouddhisme primitif.

K. Imazu 今津洪嶽
Le Ki-sin louen 起信論 (Mahâyânasraddhotpâdasâstra).

B. Shiio 椎尾辨匡
Les doctrines bouddhiques.—Les religions de L'Extrême-Orient.

J. Washio 鷲尾順敬
Histoire du Bouddhisme au Japon.

R. Shimizu 清水龍山
Textes de la secte de Nichiren 日蓮.

K. Akino 秋野孝道 ⎫
S. Okada 岡田宣法 ⎭ Etude du Zen 禪.

S. Hanabusa 英秀雲 ⎰ Etude du Shin-
S. Shiodame 潮留眞澄 ⎱ shû 眞宗

Langues.

Langue sanscrite.—Hanayama 花山信勝
Explication de textes.

(8)

Université libre de Toyo (Toyo-daigaku 東洋大學) à Tokyo.

Faculté des Lettres.

Bouddhisme et philosophie.
Y. Fujiwara 藤原猶雪
Histoire du Bouddhisme au Japon.
T. Satô 佐藤泰舜
Philosophie de la secte Sanron 三論.
D. Tokiwa 常盤大定
Histoire des doctrines bouddhiques en Chine.
S. Katô 加藤精神
Doctrine de l'Abhidharmakosa.
K. Imazu 今津洪嶽
Etude du Hasshû-kôyô 八宗綱要 (les huit sectes).
K. Nagai 長井眞琴
Histoire des doctrines bouddhiques dans l'Inde.
S. Shiodome 潮留眞澄
Etude du Ki-sin louen 起信論 (Mahâyânasraddhotpâda-sâstra) et du Wei-che louen 唯識論 (Vijnaptimâtrasiddhisâstra).
E. Maeda 前田慧雲
Etude du Tendai 天臺.
D. Shimaji 島地大等
Etude du Kegon 華嚴 (Secte de l'Avatamsaka) et du Shingon 眞言.
K. Watanabe 渡邊海旭
Les études bouddhiques en Europe et en Amérique.
Langues.
Langue sanscrite,—C. Ikeda 池田澄達.
Langue palie,—M. Nagai 長井眞琴.

Rissho-daigaku 立正大學 à Osaki, Tokyo-fu.

Faculté libre des lettres de la secte Nichiren 日蓮.

Etude des œuvres de Nichiren.—R. Shimizu 清水龍山

                              Z. Kasama 風間隨學
                              K. Kitao 北尾啓玉
                              K. Mochizuki 望月歡厚
Etude du Tendai 天臺.—Z. Kasama 風間隨學
                              H. Isono 磯野本精
Etude du Vijnaptimâtra.

                              S. Mochizuki 望月宣諦
Bouddhisme primitif.

                              M. Nagai 長井眞琴
Bouddhisme indien.

                              G. Umata 馬田行啓
Bouddhisme japonais.

                              M. Ishida 石田茂作
Philosophie indienne.

                              K. Ishikawa 石川海淨
Textes de philosophie indienne.

                              K. Fuse 布施浩岳
Les six systèmes indiens.

                              T. Kimura 木村泰賢
Langues et Littératures.
    La littérature bouddhique au temps d'Asoka.
                              B. Hemmi 逸見梅榮
Langue sanscrite.—Cours de 1e, 2e, et 3e année.
                              K. Oka 岡敎邃
Langue palie.—Cours de 1e et 2e année.
                              M. Nagai 長井眞琴

Komazawa-daigaku 駒澤大學 **près Tokyo.**

Faculté et Séminaire de la secte Sôtô (Zen).
    (diplômes non-reconnus par l'Etat).

Le bouddhisme. — G. Hosaka 保坂玉泉
La doctrine bouddhique.
        S. Eto 衞藤即應
La philosophie indienne.—La psychologie bouddhique.
        T. Kimura 木村泰賢

Histoire des doctrines des diverses sectes.

K. Nukariya 忽滑谷快天

Etude des doctrines des diverses sectes.

S. Okada 岡田宣法

Etude des textes fondamentaux de la secte.

C. Omori 大森知言

La secte du Vinaya.

K. Sakaino 境野黄洋

La secte du Kegon 華嚴 (Avatamsaka).—Le Mahâyâna.

K. Imazu 今津洪嶽

La littérature bouddhique en Chine.

T. Sato 佐藤泰舜

Lc bouddhisme dans la période des Six Dynasties 六朝
(en Chine).

K. Sakaino 境野黄洋

Ryukoku-daigaku 龍谷大學 à Kyoto.

Faculté libre des Lettres du Nishi-Honganji 西本願寺
(une des deux grandes branches du Shinshû 眞宗).

Philosophie.

Philosophie indienne et Bouddhisme.

R. Hatani 羽溪了諦

Histoire de la philosophie indienne.—Le Bouddhisme
primitif.

B. Matsumoto 松本文三郎

Questions de Vinaya.

S. Takagi 高木俊一

Le Mahâyâna.—Questions d'Abhidharma.—Etude d'un
commentaire de l'Abhidharmakosa.

T. Tamaki 玉置.

Le Mahâyâna indien.—Etude du Mahâyânasamparigra-
hasâstra.

D. Kusaka 日下

Le Madhyamakasâstra.—La doctrine du Tendai.—Etude
d'un commentaire du Saddharmapundarîka.

S. Fukaura 深浦

Introduction à la doctrine bouddhique.—Etude d'un
commentaire du Vijnaptimâtra.

R. Yutsugi 湯次了榮

La Doctrine du Kegon (Avatamsaka).—Questions de
Kegon.—La logique indienne,

K. Matsuyama 松山

Questions de Saddharmapundarîka (chinois).

J. Tsumaki 妻木直良

Les controverses entre les sectes.—Etude du Dasabhû-
mihrdayasâstra (chinois).

S. Umehara 梅原眞隆

La doctrine du Shinshû.—Histoire des doctrines du
Shinshû.—Etude d'ouvrages des patriarches du Shinshû.

Nishimitsu 西光

Histoire de la secte Shinshû.

R. Kumoyama 雲山

La foi dans le Shinshû.—Les oeuvres de Shinran.

H. Koyama 小山

Les doctrines des patriarches du Shinshû.

S. Sugi 杉紫朗

Introduction à l'étude de la doctrine de la Terre-Pure
(Jôdo-Shinshû 淨土眞宗).—Etude sur les mandala de
l'Amitâyurdhyânasûtra. — Explication d'un commentaire sur ce texte.

R. Hosui 豊水

La doctrine de la Terre-Pure (Sukhâvatî) dans l'Inde
—Le Brhad Amitâyus sûtra (chinois).

R. Takeda 武田

Etude d'un ouvrage du patriarche Hônen 法然.

Histoire et Littérature.—R. Hatani 羽溪了諦

Histoire du Bouddhisme dans l'Inde.

J. Tsumaki 妻木直良

Histoire du Bouddhisme en Chine.

Y. Tokushi 禿氏

Histoire du Bouddhisme au Japon.

J. Tsumaki 妻木直良

Questions de Taoisme.

R. Hatani 羽溪了諦

Etude de la Relation de Fa-hien (Fo-kouo ki 佛國記).

Y. Tokushi 禿氏

Questions d'histoire littéraire bouddhique.

Nishimitsu 西光

Biographie de Dengyo et Kôbô.—Etude de la correspondance de Kôbô.

R. Yamada 山田龍城

Histoire de la littérature indienne.

Langues.

Langue sanscrite.—E. Akashi 明石

Explication du Lankâvatâra sûtra-3e année de sanscrit.

R. Yamada 山田龍城

1e et 2e année de sanscrit.

Langue palie.

E. Akashi 明石

Explication du Suttanipâta.—Eléments de pali.

Langue tibétaine.

E. Akashi 明石

Eléments de tibétain.

Otani-daigaku 大谷大學 à Kyoto.

Faculté libre des Lettres du Higashi-Honganji 東本願寺 (une des deux grandes branches du Shinshû).

Philosophie.

Philosophie indienne et Bouddhisme.

M. Fujii 藤井默惠

Philosophie de l'Inde ancienne, depuis le Veda jusqu'aux Upanisads.—Philosophie de l'Inde moyenne : le Sânkhya dans l'ensemble des six Systèmes.—Le Yoga.

C. Akanuma 赤沼智善

Le Bouddhisme primitif.

R. Soga 曾我量深

Le Shinshû. — Etude sur l'Amitâyussûtra (Nj. 198). — Questions de Vijnaptimâtrasiddhisâstra.

S. Toyomitsu 豊滿春洞

Etude d'un texte de la secte Hosso (Dharmalaksana) (le Hôon-girinshô 法苑義林章, par Jion 慈恩).

E. Yamaguchi 山口益

Etude du Chû-gan-ron 中觀論 (Prâmânyamûla-sâstra, Nj. 1179).

D. Kaneko 金子大榮

Le Bouddhisme.—Questions de Ke-gon 華嚴 (Avatam-saka).—Etude d'une des œuvres de Shinran 親鸞.

H. Kôno 河野法雲

Etude d'un texte de la secte Kegon (Nj. 1591).—Etude de l'Anrakushû (An-!o-tsi 安樂集, par Tao-tch'e 道綽, des T'ang).

E. Inaba 稻葉圓成

Le Tendai 天臺 primitif au Japon.

T. Suzuki 鈴木貞太郎

Le développement de la secte Zen 禪.

E. Uesugi 上杉慧岳

La doctrine de la Terre-Pure (Jôdo 淨土).

H. Izumi 泉芳璟

Les doctrines médicales de l'Inde. — Les sâstra en sanscrit actuellement existants.

S. Osuga 大須賀秀道

Les principes de la doctrine bouddhique.

Katô 加藤

Les doctrines de Donran (T'an-loan 曇鸞), Dôshaku (Tao-tch'e 道綽) et Zendô (Chan-tao 善導) en Chine.

Y. Saitô 齋藤唯信

La personne du Bouddha dans la Terre-Pure (le Nirmânakâya).

Histoire.

M. Kusaka 日下無倫

Histoire ancienne du Bouddhisme au Japon.—Etude du Nihonzenakugempôryôiki 日本善惡現報靈異記 (l'His-

toire miraculeuse de la rétribution du bien et du mal
au Japon).

C. Akanuma 赤沼智善

Histoire des textes sacrés du Mahâyâna.

E. Inaba 稲葉圓成

Histoire des traductions des sûtra en Chine.

S. Yamabe 山邊習學

Histoire de la littérature bouddhique.

S. Hashikawa 橋川正

Le Bouddhisme et la vie japonaise.

B. Matsumoto 松本文三郎

L'art bouddhique.

Langues.

Langue sanscrite.—H. Izumi 泉芳璟

Explication des Upanisad) 1e année).—Explication du
Suvarnaprabhâsa (2e année).—Explication de Sakun-
talâ (3e année).

M. Fujii 藤井默惠

Explication des Upanisad.

Langue palie.—C. Akanuma 赤沼智善

Explication du Dhammasangani.—Explication du Dîgha-
nikâya,

Langue tibétaine.—E. Yamaguchi 山口益

Explication de la traduction tibétaine du Prajnaptipâda-
sâstra.

E. Teramoto 寺本婉雅

Explication de la version tibétaine du commentaire de
Sthiramati sur la Trimsikâ.

Koyasan-daigaku 高野山大學 au Mont Koya (Wakayama-ken).

Faculté Libre des Lettres de la secte Shingon 眞言
(Mantrayâna).

Philosophie.

Philosophie indienne et Bouddhisme.

J. Hasuzawa 蓮澤淨淳

La philosophie indienne, des Upanisad jusqu'au Sânkhya.

R. Takaoka 高岡隆心

La tradition ésotérique du monastère de Sambôin 三寶
院 (à Kyoto).

B. Kanayama 金山穆韶

Etude de l'Oku-no-sho 奧疏 (Commentaire Approfondi
sur Nj. 530). — Histoire du Mikkyo 密敎 (doctrine
tantrique).—Etude du Sittan 悉曇 (Siddham).

S. Toganoo 栂尾祥雲

Etude d'un tantra (Nj. 1020). — Comparaison du texte
sanscrit et du texte tibétain de la Prajnâpâramitâ-
ardhasatikâ (Nj. 1034).

R. Morita 森田龍僊

Etude du Shakuron 釋論. — Etude du Hizôki 秘藏記
ouvrage attribué à Kôbô 弘法.—Etude de l'Unjigi 吽
字義 (traité sur la lettre Hûn) de Kôbô.

K. Yamada 山田契誠

Etude d'un traité sur le Kegon 華嚴 (Nj. 1591).—Etude
du Vijnaptimâtrasiddhisâstra (Nj. 1197).

K. Tsukinowa 月輪賢隆

Etude d'un traité du Tendai (Nj. 1551).—Etude du
Chûron (Tchong-louen 中論 (Nj. 1179).

B. Matsumoto 松本文三郎

Méthode pour l'étude des textes bouddhiques.

T. Kimura 木村泰賢

Histoire des doctrines bouddhiques dans l'Inde.—Histoire du système Yoga.

Y. Matsunaga. 松永有見

Etude du Dainichikyôsho 大日經疏 (Commentaire sur
Nj. 530).

Principales Sociétés d'études bouddhiques, avec l'indication des personnalités dirigeantes.

Otani-daigaku 大谷大學, Kyoto.
    Bukkyô-kenkyûkai 佛教研究會.—M. M. Teramoto, Aka-numa et Yamabe.
    Indo-gakkai 印度學會.—M. Izumi.
    Bukkyô-shigakkai 佛教史學會.—M. Hashikawa.
    Eastern Buddhist Kyôkai.—M. Suzuki (Teitaro).
Ryûkoku-daigaku 龍谷大學, Kyoto.
    Bukkô-gakkai 佛教學會.—M. M. Yutsugi, Akamatsu.
    Shigakkai 史學會.—M. M. Miura, Yamauchi, Tsumagi, Umehara.
Butsuza-sha 佛座社.—M. M. Kaneko, Soga.
Kôyasan-daigaku 高野山大學, Kôyasan, Wakayama-ken.
    Hachiyô-gakkai 八葉學會.—M. Mizuhara.
Komazawa-daigaku 駒澤大學, Komazawa, Tokyo.
    Wayûsha 和融社.—M. M. Nukariya, Yamakami.
Tôbô-bukkyô-kyôkai 東方佛教協會. 83, Komagome-Haya-shichô, Hongô-ku, Tôkyô.

Maisons d'édition et librairies

Bouddhisme en général.

1 Chûgai-Shuppan-kabushikigaisha　中 外 出 版 株 式 會 社 (éditions).

　Higashi-kawabata Shichijô sagaru-higashi-iru, Kyoto　京都市東川端七條下ル東入

2 Naigai-Shuppan-kabushikigaisha　內 外 出 版 株 式 會 社 (éditions).

　Nishinotôin Shichijô minamieiru, Kyoto　京都市西洞院七條南入

3 Fujii-Bunseidô　藤井文政堂 (éditions et livres d'occasion).

　Teramachi-dôri Gojô agaru, Kyoto　京都市寺町通五條上ル

4 Kichûdô　其中堂 (livres d'occasion).

　Teramachi-dôri Gojô agaru, Kyoto　京都市寺町通五條上ル

5 Daigadô　大我堂 (éditions et livres d'occasion).

　Ommae-dôri Aburanokôji nishieiru, Kyoto　京都市御前通油小路西入

6 Hôbunkwan　法文館 (éditions et livres d'occasion).

　Gojôdôri Teramachi nishieiru, Kyoto　京都市五條通寺町西入

Secte Zen 禪.

7 Baiyô-shoin　貝葉書院 (éditions et livres d'occasion).

　Nijô-dôri Teramachi nishieiru, Kyoto　京都市二條通寺町西入

Secte Shin 眞.

8 Hôzôkwan　法藏館 (éditions).

　Nakajuzuyamachi Higashinotôin, Kyoto　京都市中珠數屋町東洞院西入

9 Chôjiya　丁子屋 (éditions).

　Shimojuzuyamachi Higashinotôin nishieiru, Kyoto　京都市下珠數屋町東洞院西入

10 Kôkyô-shoin 興教書院 (éditions).
    Aburanokôji Ommaedôri agaru, Kyoto 京都市油小路御
        前通上ル
11 Buneidô 文榮堂 (éditions).
    Teramachi Sanjô agaru, Kyoto 京都市寺町三條上ル
12 Daiyûkaku 大雄閣 (édition générale).
    chez M. Takakusu, 5, Sekiguchidaimachi, Koishikawa-
        ku, Tokyo 東京市小石川區關口臺町五　高楠方
13 Daiyûkaku 大雄閣 (Maison de vente) (édition générale).
    Hongô-sanchôme, Hongô-ku, Tokyo 東京市本郷區本郷
        三丁目
14 Morie-shoten 森江書店 (édition générale).
    Harukichô-nichôme, Hongô-ku, Tokyo 東京市本郷區春
        木町
15 Heigo-shuppansha 丙午出版社 (édition générale).
    Haramachi, Koishikawa-ku, Tokyo 東京市小石川區原町
16 Kôshisha-shobô 甲子社書房 (édition générale).
    101 Aoyama-minamichô, Rokuchome Akasaka-ku, Tokyo
        東京市赤坂區青山南町六丁目百一
17 Kôyûkwan 光融館 (édition générale).
    Yoyogi, shigai, Tokyo 東京市外代々木
18 Tôbô-shoin 東方書院 (édition générale).
    50 Ueno-sakuragichô, Shitaya-ku, Tokyo 東京京市下谷
        區上野櫻木町五十
19 Daitô-shuppansha 大東出版社 (édition générale).
    Shibakôen-chi, Shiba-ku, Tokyo 東京市芝區芝公園地
20 Kômeisha 鴻盟社 (édition générale).
    Rogetsu-chô, Shiba-ku, Tokyo 東京市芝區露月町
21 Mugasambô 無我山房 (surtout secte Shin).
    2712, Miyanaka, Nishisugamomachi, Tokyo 東京市外西
        巢鴨町宮仲二七一二

Bibliographie des principaux périodiques relatifs au Bouddhisme

d'après les articles de M. S. Fujii 藤井草宣, publiés dans le Gendaibukkyô 現代佛教, 3ᵉ année (1926), Nos. de Juin et Juillet, sous le titre de : Gakkai sôran 學界綜覽.

Table des sections :   I.   Bouddhisme en général.
II.   Shin 眞.
III.   Jôdo 淨土.
IV.   Sôtô 曹洞 }
V.   Rinzai 臨濟 } Zen 禪.
VI.   Shingon 眞言.
VII.   Nichiren 日蓮.
VIII.   Tendai 天臺.
IX.   Shugendô 修驗道.

*L'astérisque indique les périodiques les plus importants.

M.=Mensuel.—Trim.=Trimestriel.—Irr.=Irrégulier.—O.=Organe.—Ass.=Association.

I.—Bouddhisme en général.

Akatsuki アカツキ (1924).—M.—In. 12.—O. Ass. des Jeunes filles Bouddhistes.—Tokyo.

*Kansô 觀想. —M.—O. Ass. Kansô-sha, Tôyô-daigaku, Tokyo.—Principaux collaborateurs : les professeurs du Tôyô-daigaku.

*Gendai-Bukkyô 現代佛教 (1924). —M.—Directeur : J. Takakusu 高楠順次郎, Tokyo.

Seichô 聖潮 (1925...) M.—O. Ass. Seichô-sha, temple de Sensôji (Asakusa), Tokyo.

Seishin 精神 (1924).—M.—Publié par Katô Totsudô 加藤咄堂.

*Chûô-Bukkyô 中央佛教 (1918-) M.—O. Ass. Chûô-Bukkyô-sha, Tokyo.

*Bukkyô-bijutsu 佛教美術 (1925-) Irr.—(Revue d'art
  bouddhique), Nara.

Mokujikishônin-no-kenkyû 木喰聖人之研究 (1924-) M.
  —O. Ass. Mokujiki-gogyôkenkyûkai. —Directeur :
  S. Yanagi ; à Kofu, Yamanashiken.

*Young East (1925-) (en langue anglaise). =M.—O.
  Ass. des Etudiants bouddhistes de l'Université Impériale, Tokyo.

*Tôbô bukkyô 東方佛教 (1926-) M. — Directeur : J.
  Washio 鷲尾順敬 ; Tokyo.

II.—Shin.

*Eastern Buddhist (1912-) (en langue anglaise).—Trim.
  —O. Ass. Eastern Buddhist.

Tôbô-bukkyô-kyôkai, Otani-daigaku, Kyoto. —Directeur : T. Suzuki 鈴木貞太郎.

*Kanshô 観照 (1925-). —Trim.—O. Ass. Kanshô-sha,
  Otani-daigaku, Kyoto. Rédigé par les professeurs
  et les étudiants de l'Otanidaigaku.

*Gedatsu 解脱 (1926).—M.—O. Ass. Jinsei-sha, Tokyo.

Shinshû-no-sekai 眞宗の世界 (1921).—M.—O. Ass.
  Shinshû-senden-kyôkai, Tokyo. — Directeur : H.
  Noyori 野依秀一.

Shinran-shônin-kenkyû 親鸞聖人研究 (1920). —Irr. —
  Publié par S. Umehara 梅原眞隆, Kyoto.

*Daijô 大乘 (19 -) M.—Publié par Kozui Otani 大谷
  光瑞, Dairen (Mauchourie).

*Bukkyô-kenkyû 佛教研究 (1917-).—Trim.—O. de l'O-
  tani-daigaku, Kyoto.

*Butsuza 佛座(1926-).—M.—O. Ass. Butsuza-sha, Kyoto.
  —Collaboratenrs : D. Kaneko 金子大榮, R. Soga 曾
  我量深 etc.

Hôni 法爾 (-).—M.—O. Ass. Hôni-sha, Tokyo.—
  Directeur : Y. Fujikawa 富士川游, docteur ès-lettres
  et en médecine, spécialiste de l'histoire de la
  médecine.

*Ryûkoku-daigakuronô 龍谷大學論叢 (-). — Bim.
—O. du Ryûkoku-daigaku, Kyoto.

III.—Jôdo.

*Bukkyôgaku 佛教學 (-).—M.—O. du Taishô-dai-
gaku, Tokyo-fu.

IV.—Sôtô.

*Zen-no-seikatsu 禪の生活 (-).—M.—Directeur: S.
Arai 新井石禪, Tokyo.

*Daijô-zen 大乘禪 (1924-).—M. Directeurs: S. Harada
原田, et T. Iida 飯田, Tokyo.

*Daiichigi 第一義 (-). —   —O. du Komazawa-
daigaku, Tokyo-fu.

V.—Rinzai.

*Zengaku-kenkyû 禪學研究 (1926-). —Irr. —Publié par
S. Hisamatsu 久松眞一, Kyoto-fu.

VI.—Shingon.

*Mikkyô-kenkyû 密教研究 (1921-). —Trim. —O. Ass.
Mikkyô-kenkyûkai, Koyasan. — Publié par les
professeurs du Koyasan-daigaku.

VII.—Nichiren.

*Osaki-gakuhô 大崎學報 (1904-),—Trim. — Publié par
l'Ass. des Anciens Elèves du Risshô-daigaku,
Tokyo-fu.—Directeur:—K. Kitao 北尾敬玉.

*Tôkô 東光 (1925-).—M.—O. Ass. Kokuhon-kai, Tokyo.
—Directeur: S. Mochizuki 望月.

*Hokke (-).—M.—O. Ass. Hokke-kai, Tokyo.—
Directeur: I. Kobayashi 小林一郎.

VIII.—Tendai.

*Myôjô 明靜 (1926-).—M. —Publié par le Tendai-
shûgaku-in, Sakamoto, Shigaken.

Sciences Religieuses.

A. Religion.

*Uchû 宇宙 (1925-).—M.—avec la collaboration des
professeurs du Nihon daigaku, Tokyo.

*Shûkyô-kenkyû (1924-). —Bim. -- O. Ass. Shûkyô-
kenkyû-kai avec la collaboration des professeurs

des Universités Impériales ; Tokyo.

Chûgai-nippô 中外日報 (1897-).—Quotidien.—O. Ass. Chûgai nippô sha, Kyoto.—Directeurs : R. Matani 眞溪·

B. Philosophie.

*Shisô 思想 (1921-).—M.—Tokyo (Etudes philosophiques).

Shinrigaku-zasshi 心理學雜誌 (-). —M. —O. de l'Institut de Psychologie de l'Université Impériale, Tokyo.

*Tetsugaku-kenkyû 哲學研究 (-). — M. —O. de l'Institut de Philosophie de l'Université Impériale de Kyoto.

*Gakuen 學苑 (1926-).—M.—Publié par R. Kita 北晗吉·

Tetsugaku-zasshi 哲學雜誌 (1888-).—M.—O. Ass Tetsugaku-kai (Société de Philosophie) de l'Université Impériale, Tokyo.

Teiyu-rinri-koenshû 丁酉倫理講演集 (-).—M.— (Etudes morales).—Tokyo.

Kôza 講座 (1925-).—M.

*Ex Oriente (1925-).—Irr.—(en langue anglaise).—O. Ass. Daitôbunka-kyôkai, Tokyo.—Directeur : R. Kita 北晗吉·

C. Histoire.

**Shigaku-zasshi 史學雜誌 (1890-).—M. —O. de l'Institut d'Histoire de l'Université Impériale, Tokyo.

*Chûô-shidan 中央史壇 (1920-).—M.—O. Ass. Kokushi kôshûkai, Tokyo. (Etudes historiques).

*Minzoku 民族 (1926-).—Bim.—(Folklore).—Tokyo.

*Rekishi-to-chiri 歷史と地理 (-). — M. — (Etudes géographiques et historiques) ; Kyoto.

*Rekishi-chiri 歷史地理 (-).—M.— (Etudes géographiques et historiques) ; Kyoto.

D. Littérature, art, etc.

**Geibun 藝文 (-).—M.—Publié par l'Institut de

Littérature japonaise de l'Université Impériale, Kyoto.

*Kokugo-to-kokubungaku 國語と國文學 (1924-).—M.—Publié par l'Institut de Littérature japonaise de l'Université Impériale, Tokyo.

**Kokka 國華 (-).—M.—(Art).—Tokyo.

*Nara 寧樂 (-).—Irr.—(Art).—Nara.

*Shoga-kottô-zasshi 書畫骨董雜誌 (1910-).—M. —(Art) —Tokyo.

*Daitô-bijutsu 大東美術 (1923).—M. –(Art).—Tokyo.

*Keimeikai-kôenshû 啓明會講演集 (-). —Irr. —(Archéologie).—Tokyo.

*Daitô-bunka 大東文化 (1925-). — M. — (Civilisations orientales).—Tokyo.

*Tôyôgakugei-zasshi 東洋學藝雜誌 (1925-).—M.—(Civilisations orientales).—Tokyo.

*Tôyôbunka 東洋文化 (1924-).—M.— (Civilisations orientales).—Tokyo-fu.

*Tôa-no-hikari 東亞之光 (1906-).—M.—(Civilisations orientales).—Tokyo.—Directenr : T. Inoue 井上哲次郎.

*Tôyôgakuhô 東洋學報 (1912). —Trim. —(Civilisations orientales).—Tokyo.

*Meiji-seitoku-kinen-gakkai-kiyô 明治聖德記念學會紀要 (-).—Irr.—(Surtout Shinto).—Tokyo.

Inventaire

des Sectes bouddhiques japonaises.

Les informations que nous rassemblons sous cette rubrique sont empruntées à une publication intitulée Nippon Bukkyô yôran 日本佛教要覽 ; elles sont en partie traduites, en partie résumées. Le Bukkyô yôran a paru en Octobre 1925, à Tokyo, par les soins du Comité du Congrès Bouddhique d'Extrême-Orient (Tôa Bukkyô Daikai 東亞佛教大會) ; il était destiné, et réservé, aux membres de ce Congrès et n'a pas été mis dans le commerce. C'est une espèce de Vade-mecum du bouddhisme japonais à l'usage des visiteurs chinois et coréens venus pour le Congrès.

L'ouvrage s'ouvre par une série de cinq planches représentant les 30 fondateurs des sectes et branches du bouddhisme japonais. Ensuite vient une carte historique du bouddhisme japonais qni porte exclusivement l'indication des localités qui ont été le berceau de ces branches. Puis un graphique en couleurs montre par quelle hiérarchie de bureaux les temples et monastères, les chapelles, les locaux d'enseignement religieux, le clergé se rattachent au Ministère de l'Instruction Publique. Le texte proprement dit est distribué en deux chapitres : l'un retrace l'historique des sectes et branches, l'autre en esquisse les doctrines. Nous avons reproduit presque intégralement ces deux chapitres en n'éliminant que les redites assez fréquentes. Le texte est d'abord donné en japonais, puis en traduction chinoise. Le troisième chapitre est une statistiqne détaillée des 58 sectes et branches : les chiffres qu'il fournit peuvent paraître suspects, en dépit ou à cause de leur apparente précision ; ils n'en donnent pas moins une sensation assez juste de l'importance relative des sectes, de leurs moyens d'action, de leur activité et de la puissance réelle que possède le bouddhisme dans le vie japonaise.

La seconde partie du volume n'avait guère qu'un intérêt de circonstance et nous l'avons laissée de côté. Elle contient la liste de tous les chefs de sectes et .de branches avec l'adresse de leur bureau, à le date du 10 octobre 1925; puis une chronologle parallèle du bouddhisme en Chine et au Japon depuis l'an 523 jusqu à 1925 ; enfin les statuts de l'Alliance Bouddhiste (Bukkyô Rengô Kai 佛教聯合會).

Quelques éclaircissements préalables sont nécessaires pour la lecture de cette section. Nous avons rendu par l'expression de " souscripteurs perpétuels " le terme de tanto 檀徒 qui désigne les familles liées de père en fils à la même église par un engagement de cotisation. Les autres cotisants sont les shinto 信徒 qne nous avons désignés comme les " souscripteurs occasionnels ".

Dans les statistiques du clergé, nous avons désigné comme " personnel breveté " les kyôshi 教師 qui sont les prêtres aptes et utilisés à la prédication. Le reste du clergé compte comme " non breveté ".

Les locaux d'enseignement religieux (kyôkai 教會, sekkyôjo 說教所) sont des salles de prédication comptées en dehors des temples pour des raisons d'ordre administratif.

Nous avons conservé intégralement les diverses unités de mesure de superficie employées dans chacun des inventaires particuliers. Pratiquement on pourra compter :

le tsubo 坪 pour 3 M. q. (3. 3058) ;

le se 畝 (30 tsubo) pour 1 are ;

le tan 段 (10 se) pour 10 ares ;

le chô 町 (10 tan) pour I hectare.

Le yen 圓 vaut environ 2.50 or=2 shillings=$\frac{1}{2}$ dollar.

Statistique Générale

des 58 branches du Bouddhisme japonais (chiffres de 1923).

Temples et monastères 71.114.

Locaux de réunions et d'enseignement religieux 5.893.

Chapelles 35.518.

Abbés 53.949.

Personnel breveté 75.872 ; non breveté 56.136.

Souscripteurs perpétuels 31.714.976.

Souscripteurs occasionnels 16.687.066.

Secte Tendai 天臺.

La secte Tendai remonte au temps des Souei (en Chine).
Le fondateur en est Tche-tcho Ta-che (Chisha Daishi) 智
者大師 du mont T'ien-t'ai (Tendai). Elle fut introduite au
Japon dans l'ère Enryaku (782-805) par le bonze Saichô 最
澄 (Dengyô Daishi 傳敎大師), qui se rendit en Chine et y
reçut la Loi des successeurs spirituels de Tche-tcho (Chisha),
Tao-souei (Dôsui) 道邃, Hing-man (Gyôman) 行滿 et autres.
Revenu au pays, il propagea l'enseignement des observances
du Dhyâna, au temple de Enryakuji 延曆寺 sur le mont
Hiei 比叡. Par la suite, il devint le patriarche de la
secte. Son successeur Ennin 圓仁 (Jikaku Daishi 慈覺大師),
ayant reçu personnellement l'enseignement du patriarche,
se rendit à son tour en Chine pour y chercher la Loi.
Après son retour, la secte fut intégralement constituée.—
Centre : Enryakuji (près de Kyoto, au Hieizan).

Le successeur sprituel de Saichô, Enchin 圓珍 (Chishô
Daishi 智證大師), se rendit en Chine pour y chercher la
Loi. Après son retour, il fonda le monastère Onjôji 園城
寺 (Shigaken 滋賀縣) et établit la branche Jimon 寺門.

Dans l'ère Bummei (1469-1487), Shinzei 眞盛 (Jitshô
Daishi 慈攝大師) prêcha l'observance des Défenses et
l'invocation du Nom au Saikyôji 西敎寺, dans la province
d'Omi 近江 (Shiga-ken). Il établit une branche qui reçut
d'abord le nom de Saikyôji ; à partir du deuxiéme patriarche, elle prit le nom de Shinzei.

*　*　*　*

La secte se réclame essentiellement du Lotus de la

(27)

Bonne Loi (Saddharmapundarîka) et des enseignements ésotériques de Vairocana.

Textes fondamentaux : Hokke-kyô 法華經 (Saddharmapundarîka) ; Ninnô-kyô 仁王經 (Nj. 17 et 965) ; Konkômyô-kyô 金光明經 (Suvarnaprabhâsasûtra) ; Nehan-gyô 涅槃經 (Nirvâna-sûtra) ; Bommôkyô 梵網經 (Brahmajâlasûtra); Yôrakkyô 瓔珞經 (Nj. 445) ; Chûganron 中觀論 (Madhyamakasâstra) ; Daichidoron 大智度論 (Mahâprajnâpâramitâsâstra) ; Dainichikyô 大日經 (Mahâvairocanâbhisambodhi sûtra) ; Kongôchôkyô 金剛頂經 (Vajrasekharatantrarâjasûtra ; Nj. 1017 et 1020); Soshijikyô 蘇悉地經 (Susiddhikâramahâtantrarâja ; Nj. 533) ; Bodaishinron 菩提心論 (Bodhihrdayasâstra, Nj. 1319).

La branche Jimon ajoute à ces textes le Shikikôen-Hokkegi-juketsushû 指歸講演法華儀授決集 de Enshin.

* * * *

Temples et monastères 4.317.—Abbés 2.080.—Chapelles 325.—Personnel breveté 6.628 ; non breveté 813.—Souscripteurs perpétuels 851.661 ; occasionnels 1.045.473.

Propriétés immobilières.—Terrains bâtis 210.896 :—Enclos : propriété de l'Etat 2.366.693 ts. propriété privée 569.067. ts. —Cimetières 225.634.ts.—Hors clôtures :—Constructions 766.-761 ts ; valeur : 83.082 yen.—Rizières 1.977 chô ; valeur : 798.113 yen.—Champs 1.910 chô ; valeur : 234.865 yen.—Montagnes et forêts 7.944 chô ; valeur 38.135 yen.—Divers, 249 chô ; valeur : 2.653 yen.

Budget annuel : 149.404 yen.

2 Facultés libres, 92 étudiants ; 2 écoles secondaires, 250 élèves ; 1 école de filles, 726 élèves.—En mission 4 (Amérique et Allemagne).

Œuvres sociales (secours aux pauvres, protection de l'enfance, instruction et éducation) 116.

Associations religieuses 90. Locaux d'euseigrement religieux 10.

Branche Jimon.

Temples et monastères 654. Abbés 290. Personnel bre-

veté 787 ; non-breveté 1687. Locaux d'enseignement religieux 69. Souscripteurs perpétuels 8.865 ; occasionnels
108.758.

Branche Shinzei.

Temples et monastères 425. Abbés 329. Chapelles 593.
Locaux d'enseignement religieux 27. Souscripteurs perpétuels 16.402 familles ; occasionnels 13.958 personnes.

Propriétés immobilières : —Terrains bâtis 23.265 tsubo.—
Enclos 124.459 tsubo. — Montagnes et forêts 121 chô. —
Rizières 129 chô.—Champs 32 chô.

1 Faculté libre, 12 étudiants ; 1 école secondaire 37 élèves ;
1 orphelinat ; 1 jardin d'enfants. Ecoles du dimanche 31.—
Sociétés de soins aux vieillards 3.—Sociétés de dames 10.

Secte Shingon 眞言.

La secte commence avec la transmission des deux grands
sûtra de Nâgârjuna (Ta-je king, Dainichikyô, Mahâvairo-
canasûtra ; et Kin-kang-ting king, Kongôchôkyô, Vajrase-
khara-sûtra). Vajrabodhi et Amoghavajra les transmirent
à Houei-kouo (Eka) 慧果. Dans l'ère Enryaku (782-805),
le bonze japonais Kûkai 空海 (Kôbô Daishi 弘法大師) se
rendit en Chine et y reçut les enseignements de Houei-kouo
(Eka). Après son retour il les propagea dans son pays et
y devint le patriarche de la secte. En se fondant sur la
doctrine des Mandala secrets (Himitsu mandara 秘密曼茶羅),
la secte enseigne la méthode d'atteindre la Bodhi par des
moyens matériels.

En voici les principales branches :

Branche Kôya (san) 高野(山). La 7e année Kônin (816),
Kôbô Daishi s'installa an mont Kôya ; il fit du temple du
Kongôbuji 金剛峯寺 le centre de la branche.

Branche Omuro 御室. Pendant l'ère Ninna 仁和 (885-
888), l'empereur Kôkô 光孝 fonda le temple de Ninnaji 仁和
寺 (en Kyoto) qui est le centre de cette branche.

Branche Daigo 醍醐. La 16e année Jôkan 貞觀 (874), le moine Shôhô 聖寶 fonda le temple de Daigoji (en Kyoto) qui est le centre de cette branche.

Branche Tôji 東寺. La 7e année Kônin (816), la Cour donna au temple de Tôji (Kyoto) le nom officiel de Kyôô-gokokuji 敎王護國寺. C'est le centre de cette branche.

Branche Yamashina 山階. La 3e année Shôtai (900), le ministre Fujiwara Sadakata 藤原定方 fonda par ordre impérial le temple de Kanjuji 勸修寺 (en Kyoto). C'est le centre de cette branche.

Branche Ono 小野. Le centre en est le monastère Zui-shinin 隨心院 (en Kyoto) fondé par Zôshun 增俊, le 12e successeur de Kôbô Daishi.

Branche Senyûji 泉涌寺. La 6e année Kempô (1218), le moine Shunjô 俊芿 restaura le temple de Senyûji, qui fut d'abord un centre d'études commun aux quatre sectes (Tendai, Shingon, Zen, Ritsu) ; la 5e année Meiji (1872), ce temple fit retour à sa première secte et devint le centre de cette branche.

Environ trois siècles après la mort de Kôbô Daishi, Kakuban Shônin 覺鑁上人 (Kôgyô Daishi 興敎大師) fonda à Negoro 根來 (Wakayama-ken 和歌山縣) le temple de Negorosan Daidembôin 根來山大傳法院. La secte du Shingon réformé (Shingishingon 新義眞言) a commencé là. Elle s'est divisée en deux branches, Chizan 智山 et Buzan 豐山. La branche Chizan a eu comme premier patriarche Genyû 玄宥. Centre : Chishakuin 智積院 (Kyoto). La branche Buzan a eu comme premier patriarche Senyo 專譽. Centre : Hasedera 長谷寺 (Nara-ken 奈良縣).

*　*　*　*

Cette secte est esentiellement fondée sur l'étude des mandala et les pratiques magiques.

Textes fondamentaux : Dainichikyô (v. sup.) ; Kongôchô-kyô (v. sup.) ; Soshijikyô (v. sup.) ; Yugikyô 瑜祇經 (Nj. 1039) ; Daibirushanabussetsuyôryakunenjukyô 大毘盧遮那佛說要略念誦經 (manque à Nj. ; éd Tok. XXVI, 1) ; Shaku-

(30)

makayenron 釋摩訶衍論 id ; éd. Tok. XXVI, 9) ; Bodai-shinron (v. sup), et les œuvres de Kôbô Daishi. La branche Omuro a pour textes fondamentaux : outre les quatre premiers des textes ci-dessus, le Bodai-jô-kyô 菩提場經 (Nj. 1024, 1025), et de plus le Sobako 蘇婆呼 (Subâhu-kumârasûtra, Nj. 531), les sâstra de l'école Sarvâstivâda et les œuvres du fondateur de la branche.

Branches réunies·

Temples et monastères 5.469.—Abbés 3.126.—Chapelles 935.—Locaux d'enseignement religieux 1.067. — Personnel breveté 625 ; non breveté 4.199.—Souscripteurs perpétuels 2.641.352 ; occasionnels 8.827.300.

Propriétés immobilières :—Terrains enclos : a) propriété de l'état 1.330 chô ; b) propriété privée 3.100 chô.—Cimeti-ères 48 chô.—Hors clotures : terrains bâtis 192 chô.—Champs 1.759 chô.—Montagnes et forêts 12.404 chô.—Divers 432 chô.

Budget annuel 176.718 yen.

Facultés libres 2 ; étudiants 182.—Lycées 2, élèves 614. —Séminaire 1, élèves 58.—Etudiants en mission à l'étranger 2 (Angleterre, Pékin).—Ecoles de filles 4, élèves 942.— Œuvres sociales 60.

Shingon réformé, branche Chizan·

Temples et monastères 3.091. — Abbés 1.817. —Locaux d'enseignement religieux 143.—Personnel breveté 2.397 ; non breveté 1.548.—Souscripteurs perpétuels 209.905 ; occasion-nels 4.036.528(?).

Propriétés immobilières : — Terrains bâtis 154.550 ts. — Rizières 2.392 chô.—Champs 2.236 chô.—Constructions 496.-556 ts.—Montagnes et forêts 3.848 chô.—Bofs de bambous 27 chô.—Divers 365 chô.—Terrain enclos 1.854.600 ts.

Budget 25.786 yen.

Shingon réformé, branche Buzan.

Temples et monastères 2.997.—Abbés 1.718.—Personnel breveté 2.120; non breveté 2.386.—Souscripteurs perpétuels 18.896.653(?); occasionnels 497.005.

Locaux d'enseignement religieux 17.

Propriétés immobilières:—Terrain bâti 177.458 ts.—propriété de l'Etat 5.460 tan; privée 17.661 tan.—Rizières 23.-216 ts.—Champs 25.704 ts.—Construction 575.115 ts.—Montagnes et forêts 32.332 ts.—Divers 2.023 ts.

Budget 129.000 yen.

Œuvres sociales 123.

Missions 8, Hokkaido, Corée, Sakhaline. 20 missionnaires.

Ecoles 5. Elèves 148 dont 1 en mission(Allemagne).

Secte Shingon-Ritsu.

La secte fut introduite au Japon dans l'ère Tempyô (729-746) par le moine chinois Kien-tchen (Kanjin 鑑眞) qui eut l'idée de propager le Ritsu 律 (Vinaya) en même temps que le Mitsu 密 (Tantra).—Centre: Saidaiji 西大寺 en Yamato.

*   *   *   *

Elle se fonde sur le Bommôkyô (Brahmajâlasûtra), le Shibunkaihon 四分戒 (Prâtimoksa de l'école Dharmagupta), le Yugakaihon 瑜伽戒本 (Bodhisattvaprâtimoksa), le Komponsetsuissaiubukaikyô 根本說一切有部戒經 (Prâtimoksa de l'école Mûlasarvâstivâda), les six premiers textes de la secte Shingon (v. sup.) et les trois grands ouvrages (律三大部) du patriarche Tao-siuan (Dôsen, Nanzen risshi).

*   *   *   *

Temples et monastères 71.—Abbés 34.—Personnel breveté 57; non breveté 33.—Local d'enseignement religieux 1.—Souscripteurs perpétuels 8.712; occasionnels 13.194.

Secte Ritsu 律 (Vinaya).

Introduite par Kanjin 鑑眞 (v. sup.) pendant l'ère Tempyô (729-746), elle dut son succès à l'emploi des estrades d'ordination, p. ex. au Kaidan-in 戒檀院 du Tôdaiji 東大寺 et au Tôshôdaiji 唐招提寺 à Nara qui furent tous deux à l'origine des centres d'ordination.

* * * *

Le trait essentiel de la secte, c'est de se conformer au Ritsuzô 律藏 (Vinayapitaka) et d'observer les Défenses.—Centre : Tôshôdaiji.

Elle se fonde principalement sur le Vinaya des Dharmagupta, mais sans s'attacher exclusivement à l'un ou à l'autre des deux Véhicules. Textes fondamentaux : Shibunritsu 四分律 (Vinaya des Dharmagupta) ; Bommôkyô 梵網經 (Brahmajâlasûtra) ; Hokkekyô 法華經 (Saddharmapundarîka) ; Yugaron 瑜伽論 (Yogâcârabhûmisâstra ; Nj. 1274) ; et autres sûtra, vinaya et sâstra, du petit comme du grand Véhicule, mentionnés dans les œuvres du patriarche Tao-siuan 道宣 (du Nan-shan 南山.—Dôsen du Nanzan).

* * * *

Temples et monastères 10.—Abbés 5.—Personnel breveté 18 ; non breveté 15.—Local d'enseignement religieux 1.—Souscripteurs 5.547 ; occasionnels 19.320.

Secte Jôdo 淨土. Branches Seizan 西山.

Les principes de la secte Jôdo furent institués la 5e année Shôan (1175) par Genkû 源空 (Enkô Meishô Daishi 圓光明照大師＝Hônen Shônin 法然上人). Son disciple Shôshû Kokushi Benna 正宗國師辨阿 dressa l'étendard de la Loi au Chinzei 鎭西 : sa secte prit le nom de Chinzei ; on l'appelle maintenant : secte Jôdo.—Centre : le temple de Chionin 知恩院 (Kyoto) ; centres secondaires : Zôzôji 増上寺 (Tokyo), Konkaikômyôji 金戒光明寺 de Kurodani 黑谷,

(33)

Hyakumamben Chionji 百萬遍知恩寺, Shôjôkein 清淨華院 (Kyoto),

Le disciple de Genkû, Shôkû 證空, dressa à son tour l'étendard de la Loi sur les hauteurs à l'ouest de Kyoto c'est la branche de Seizan 西山 (Montagne de l'Ouest).— Centres : les temples Zenrinji 禪林寺, Kômyôji 光明寺, Seiganji 誓願寺 (Kyoto), Empukuji 圓福寺 (en Aichi-ken 愛知縣).—La 8e année Taishô (1919), la branche se subdivisa en branche Zenrinji, branche Kômyôji 光明寺, et branche Fukakusa 深草, du Seizan.'

*　　*　　*　　*

La secte se fonde sur les trois sûtra d'Amitâbha : Muryôjukyô 無量壽經, Kammuryôjukyô 觀無量壽經 et Amidakyô 阿彌陀經 (Sukhâvatîvyûha ; Nj. 27, 198, 26), et le Ojôron 往生論 (Aparimitâyussûtrasâstra ; Nj. 1204) de Tenjin 天親 (Vasubandhu). Elle recommande esssentiellement la récitation de l'invocation à Amita en vue d'obtenir l'accès du Paradis.

*　　*　　*　　*

Temples et monastères 7.118.—Abbés 5.564.—Chapelles 296.—Locaux d'enseignement religieux 185.—Personnel breveté 7.416 ; non breveté 3.153.—Souscripteurs perpétuels 2.241.474 ; occasionnels 362.973.

Propriétés immobilières :—Terrains bâtis 583.343 ts. —Terrains enclos 3.195.385 ts. (propriété de l'Etat 1.805.490 ts. ; propriété privée 1.389.895 ts.)—Cimetières 1.644.445 ts. Terrains hors clôtures : Constructions 959.520 ts.—Rizières 2.847 chô.—Champs 1.882 chô.—Montagnes et forêts 2.743 chô.—Divers 31 chô.

Budget annnel 1.171.467 yen (administration : 225.854 yen ; enseignement 393.593 yen ; fondations 52.020 yen ; reconstruction 50.000 yen).

I faculté libre, 278 étudiants. Séminaires, 149 élèves. Séminaire de nonnes, 51 élèves.—En mission à l'étranger Allemagne 3. Amérique 1.—Collèges 5 ; élèves 3.267. Ecoles de filles 3, élèves 1.999·

Districts de propagande 6 : Formose, Sakhaline, Corée, Chine, Hawai, Sibérie.

Œuvres sociales : Assistance aux pauvres, assistance pour le travail, œuvre des prisonniers libérés, protection de l'enfance : 120.

Secte Jôdo Seizan.—Branche Kômyôji.

Temples et monastères 335.—Abbés 436.—Chapelles 123. —Personnel breveté 688 ; non breveté 340.—Souscripteurs perpétuels 217.003 ; occasionnels 40.054.

Propriétés immobilières des temples et monastères :—Forêts et montagnes 196 chô.—Rizières 217 chô. Champs 92 chô.—Maisons 58 chô.—Divers 13.—Enclos 20 chô.

Budget annuel 308.984 yen.

Secte Jôdo Seizan.—Branche Zenrinji.

Temples et monastères 321.—Abbés 281.—Chapelles 31. —Personnel breveté 342 ; non breveté 105.—Souscripteurs perpétuels 244.673 ; occasionnels 63.115.

Propriétés immobilières 72.077 ts.—Montagnes et forêts 762.307 ts.—Rizières, champs 1.952.819 ts.—Enclos 146.177 ts.

Budget annuel 22.448 yen.

Ecoles 3 ; élèves 378.—Associations 2 ; membres 113.

Secte Jôdo Seizan.—Branche Fukakusa 深草.

Temples et monastères 232.—Abbés 212.—Chapelles 306. —Personnel breveté 242 ; non breveté 235.—Souscripteurs perpétuels 244.673 ; occasionnels 7.121.

Propriétés immobilières :—Montagnes et forêts 12.752 se (se＝30 tsubo).—Rizières 10.568 se.—Champs 7.419 se.—Terrains enclos 316.291 tsubo.

Budget annuel 22.647 yen.

Secte Rinzai 臨濟·

L'origine de cette secte est en Chine ; elle remonte à un
moine des T'ang, Yi-hiuan (Gigen 義玄) de Lin-tsi (Rinzai
臨濟). Au début, le Bouddha remit à Mahâkâsyapa le
" Trésor ineffable de l'Oeil de la Loi " (Shôbôgenzô 正法
眼藏), qui de l'un à l'autre passa à Bodhidharma qui le
transmit à Houei-ko 慧可 (Keika). Plus tard (le 5e patriarche) Hong-jen (Kônin) 弘忍 eut deux disciples : Houei-neng
(Enô 慧能) qui fonda la secte méridionale, et Chen-sieou
(Jinshû 神秀) qui fonda la secte septentrionale. Après
Houei-neng la secte méridionale se subdivisa en deux
branches : celle de Houai-jang (Ejô 懷讓) du Nan-yo (Nan-
gaku 南嶽), et celle de Hing-sseu (Gyôshi 行思) de Ts'ing-
yuan (Seigen 青原). Le successeur de Houai-jang (Ejô),
Ma-tsou Tao-yi (Baso Doitsu) 馬祖道一 transmit la Loi à
Houai-hai (Ekai) 懷海 de Pai-tchang (Hyakujô 百丈). Houai-
hai (Ekai) la transmit à Hi-yun (Kiun) 希運 de Houang-pai
(Obaku) 黃檗 qui la transmit à Yi-hiuan (Gigen) de Lin-tsi
(Rinzai), lequel donna tant d'éclat à la secte qu'il en est
considéré comme le patriarche.

La transmission se perpétua ainsi jusqu'à Fang-houei
(Hôkai) 方會 de Yang-k'i (Yôgi) 楊岐 et Houei-nan (Enan)
慧南 de Houang-long (Oryû) 黃龍 ; alors elle se divisa de
nouveau en deux branches: La doctrine de Houei-nan
(Enan) passa à Houai-tch'an (Eshô) 懷敞 ; la doctrine de
Fang-houei (Hôkai) se partagea entre les trois maîtres Che-
fan (Shihan) 師範, Houei-sing (Eshô) 慧性 et P'ou-yen
(Fugan) et elle parvint au Japon. Ce qn'on appelle au
Japon la secte Rinzai fut introduit dans l'ère Kenkyû
(1190-1198) par le moine Eisai 榮西 qui s'était rendu en
Chine.

*   *   *   *

Cette secte se recommande d'une transmission indépen-
dante des textes ; elle préconise l'étude du dhyâna ; sûtra
et sâstra ne sont que des indications qui donnent la direction.

Branche du Shôkokuji 相國寺.—Temples et monastères 109. —Abbés 86.—Chapelles 57.—Personnel breveté 98 ; non breveté 61.—Souscripteurs perpétuels 26.194 ; occasionnels 15.181.

Propriétés immobilières :—Terrains bâtis 8.062 ts.—Montagnes et forêts 621.208 ts.—Rizières et champs 194.578 ts.—Enclos 51.241 ts.

Budget annuel :—3.500 yen (budget général de la secte) ; —18.460 yen (budget du Sôkokuji).

Branche Nanzenji 南禪寺.—Temples et monastères 437.—Abbés 313.—Personnel breveté 401 ; non breveté 264.—Souscripteurs perpétuels 29.577 ; occasionnels 35.032.

Branche Myôshinji 妙心寺.—Temples et monastères 3.648. —Abbés 2.866.—Chapelles 2.580.—Personnel breveté 2.979 ; non breveté 3.549.—Souscripteurs perpétuels 1.047.998 ; occasionnels 266.762.

Propriétés immobilières :—Terrains enclos : propriété de l'Etat 674.009 ts.—Hors clôtures : Terrains bâtis : 1.435.575 ts.—Rizières et champs 3.051, 26 chô.—Montagnes et forêts 6.229 chô.

Budget annuel 89.320 yen.—Œuvres sociales 61.

1 Faculté libre, 1 lycée etc., au total 20 écoles et 904 éléves.—Etudiants en mission à l'étranger : 7, aux Etats-Unis. —Missions de propagande : Formose 3.727 souscripteurs ; Corée 1.707 souscripteurs ; Hokkaido 5.237 souscripteurs ; Chine 4.096 souscripteurs ; Sakhaline.

Branche Kenchôji 建長寺.—Temples et monastères 426.—Abbés 285.—Chapelles 721.—Personnel breveté 505 ; non breveté 191.—Souscripteurs perpétuels 159.218 ; occasionnels 22.139.—Budget annuel 25.951 yen.

Branche Tôfukuji 東福寺.—Temples et monastères 385.—Abbés 288.—Personnel breveté 332 ; non breveté 295.—Souscripteurs perpétuels 123.490 ; occasionnels 14.535.

Propriétés immobilières :—Terrains bâtis 22.693 ts.—Enclos 367.648 ts.—Montagnes et forêts 2.165.395 ts.—Champs et rizières 1.091.913 ts.—Budget annuel 8.638 yen.

Branche Daitokuji 大德寺.—Temples et monastères 170.—

Abbés 152.—Locaux d'enseignement religieux 4.—Personnel breveté 199 ; non breveté 131.—Souscripteurs perpétuels 11.460 ; occasionnels 1.652.

Propriétés immobilières :—Terrains bâtis 15.673 ts.—Enclos : propriété de l'Etat 85.089 ts. ; propriété privée 40.241 ts.—Cimetières 37.950 ts.—Bâtiments hors clôtures 43.863 ts. —Rizières et champs 452.592 ts. Montagnes et forêts 537.-595 ts.—Budget annuel 8.000 yen.—Ecole I.—Séminaires 2. —Elèves 230.

Branche Eigenji 永源寺.—Temples et monastères 136.— Abbés 100.—Personnel breveté 126 ; non breveté 31.— Souscripteurs perpétuels 27.664 ; occasionnels 10.156.— Propriétés immobilières :—Terrains bâtis 13.333 ts.—Montagnes et forêts 286 chô.—Rizières et champs 79 chô.—Enclos 10.746 ts.—Budget annuel 3.635 yen.

Branche Buttsûji 佛通寺.—Temples et monastères 50.— Abbés 35.—Locaux d'enseignement religieux 2.—Personnel breveté 67 ; non breveté 3.—Souscripteurs perpétuels 400 foyers ; occasionnels 20.390 foyers.—Budget annuel 20.000 yen.

Branche Kokutaiji 國泰寺.—Temples et monastères 26.— Abbés 21.—Chapelles 130.—Personnel breveté 34 ; non breveté 25.—Souscripteurs perpétuels 7.500 foyers ; occasionnels 15.000 personnes.—Budget annuel 55.000 yen.

Branche Hôkôji 方廣寺.—Temples et monastères 183.— Abbés 123.—Chapelles 8.—Personnel breveté 145 ; non breveté 25.—Souscripteurs perpétuels 9.520 ; occasionnels 50.284.—Budget annuel 2.175 yen.

Branche Kenninji 建仁寺.—Temples et monastères 73.— Abbés 58.—Personnel breveté 80 ; non breveté 22.—Souscripteurs perpétuels 14.095 ; occasionnels 18.571.

Branche Engakuji 圓覺寺.—Temples et monastères 271.— Abbés 134.—Personnel breveté 160 ; non breveté 71.— Souscripteurs perpétuels 36.781 ; occasionnels 16.696.

Branche Kôgakuji 向嶽寺.—Temples et monastères 61.— Abbés 29.—Personnel breveté 30 ; non breveté 24.—Souscripteurs perpétuels 15.392 ; occasionnels 10.491.

Branche Tenryûji 天龍寺.—Temples et monastères 111.—
Abbés 87.—Chapelles 150. — Personnel breveté : hommes
109, femmes 20 ; non breveté : hommes 90, femmes 8.—
Terrains hors clôtures 30.000 ts.—Budget 15.600 yen.—1
étudiant à l'étranger.—1 école secondaire.

Secte Sôtô 曹洞.

Jusqu'au sixième patriarche, la transmission est identique
à celle du Rinzai. Le sixième, Houei-neng (Enô) 慧能, eut
deux héritiers qui créèrent deux branches. Celle qui provint
de Hing-sseu (Gyôshi) 行思 de Ts'ing-yuan (Seigen) 青原
eut pour cinquième patriarche Liang-kiai (Ryôkai) 良价 de
Tong-chan (Tôzan) 洞山. Le treizième patriarche à partir
de Liang-kiai (Ryôkai) fut Jou-tsing (Nyojô) 如淨 de T'ien-
t'ong (Tendô) 天童. Le patriarche de la secte Sôtô au
Japon, Dôgen 道元 (Jôyô Daishi 承陽大師) qui était allé en
Chine, y visita Jou-ts'ing (Nyojô) de T'ien-t'ong (Tendô) et
reçut de lui la transmission authentique de la secte Tsao-
ki (Sôkei) 曹溪 et Tong-chan (Tôzan) 洞山. Après son
retour au Japon, il fonda le temple de Kôshôji 興聖寺 (Uji
宇治 en Kyoto) où il enseigna. La 2e année Kangen (1244),
il fonda le temple de Eiheiji 永平寺 (Fukui-ken 福井縣).
Le quatrième successeur de Dôgen, Keizan 瑩山 (Jôsai
Daishi 常濟大師), continua l'œuvre de propagande. Dans
l'ère Genkô (1321-1323), il fonda le temple de Sôjiji 總持寺
(Ishikawa-ken 石川縣), transféré à Tsurumi 鶴見 près Tokyo
en l'année 44 Meiji (1911). Depuis lors, la succession
spirituelle s'est continuée dans les deux temples de Eiheiji
et de Sôjiji ; l'un et l'autre sont considérés à titre égal
comme centres de la secte.—Cette secte se fonde sur les
mêmes principes que la secte Rinzai.

*   *   *   *

Temples et monastères 14.035.—Abbés 2.987.—Chapelles
3.111.—Personnel breveté 12.839 ; non breveté 13.618.—
Souscripteurs perpétuels 6.553.033 ; occasionnels 316.534.—
Propriétés immobilières des temples et monastères :—Mon-

(39)

tagnes, forêts et prairies 199.455 tan, valeur 124.154 yen.—
Rizières 102.147 tan, valeur 3.290.342 yen.—Champs 74.296
tan, valeur 869.848 yen.—Terrains divers 1.112 tan, valeur
1.787 yen.—Terrains bâtis en dehors des clôtures 1.563.381
tsubo, valeur 934.491 yen.—Terrains enclos appartenant à
l'Etat 5.090.100 ts. ; propriété privée 3.257.446 ts. ; valeur
831.132 yen.—Budget annuel 5.125.950 yen.

1 Faculté libre, 443 étudiants. Lycées 4, 1.441 élèves.
Séminaires de nonnes 3, 300 élèves. Ecoles de filles 3.—
Etudiants envoyés à l'étranger ? Amérique du Nord 6,
Pologne (sic) 1, Europe 1 (pour étudier la philosophie
indienne et la science des religions).

Missions de propagande : Corée 48 temples et monastères,
4.800 cotisants.—Mandchourie 15 temples et monastères, 1.-
500 cotisants.—Formose 13 temples et monastères, 1.300
cotisants.—Sakhaline 27 temples, 2700 cotisants.—Outremer
20 temples, 2.000 cotisants.

Associations pour les œuvres sociales 1.516.

Secte Obaku 黄檗.

Cette secte a la même origine que la secte Rinzai 臨濟.
Elle fut introduite au Japon dans l'ère Jôô 承應 (1652-1654)
par le moine chinois In-yuan (Ingen) 隱元 Long-k'i (Ryûki)
隆琦 qui vint au Japon prêcher le dhyâna. La 2e année
de l'ère Manji 萬治 (1659), le Tokugawa Iyetsuna 德川家康
fonda à Uji en Yamashiro (Kyoto-fu) le monastère Obakusan-
Mampukuji 黄檗山萬福寺 et y établit Ingen comme patriarche. Sous les 13 premiers patriarches à la suite d'Ingen, les supérieurs furent des Chinois ; depuis le 14e jusqu'au
21e, Chinois et Japonais se trouvèrent mélangés. A partir
du 22e, il n'y eut plus que des supérieurs japonais. Dans
le service quotidien, le rituel et les récitations, on y observe
jusqu'à ce jour les rites et la prononciation des Ming. Les
réglements n'y ont pas été modifiés depuis la fondation.—
Cette secte se fonde sur les mêmes principes que la secte
Rinzai et la secte Sôtô.

Temples et monastères 485.—Abbés 352.—Chapelles 19.
—Personnel breveté 402 ; non breveté 200.—Souscripteurs
perpétuels 40.034 ; occasionnels 72.523.—Budget 11.358 yen.
—Orphelinat 1.—Mission en Corée 1.

Secte Shinshû 眞宗·

La 1e année Gennin 元仁 (1224) le moine Shinran 親鸞
(Kenshin Daishi 見眞大師) en se fondant sur le Grand
Sukhâvatîvyûha (Dai Muryôjukyô 大無量壽經 Nj. 27) établit
la doctrine des quatre principes : enseignement, pratique,
foi, témoignage ; c'est la base de la secte. Shinran avait
reçu les enseignements du patriarche de la secte Jôdo 淨土,
Genkû 源空 (Hônen Shônin 法然上人). Il développa ces
enseignements et composa le Kyôgyôshinshômonrui 敎行信
證文類. Après Shinran, sa doctrine s'est perpétuée sans
divergences ; mais la secte s'est subdivisée peu à peu en
branches. Il y a actuellement dix branches :

1. Bukkôji 佛光寺 (primitivement Kôshôji 興正寺) fondé
par le patriarche de la secte dans la 2e année Kenryaku
建曆 (1212). La 2e année Kareki 嘉曆 (1227) un ordre
impérial changea le nom du temple qui devint Amida
Bukkôji 阿彌陀佛光寺. C'est le centre de la branche Bukkôji.

2. Senshûji 專修寺. Temple fondé par le patriarche
dans la 1e année Kareki 嘉曆 (1226) ; transféré dans la 1e
année Kanshô 寬正 (1460) à Isshinden 一身田 en Isé. C'est
le centre de la branche Takada 高田.

3. Kinshokuji 錦織寺. Fondé par le patriarche de la
secte dans la 1e année Katei 嘉禎 (1235) ; dans la 1e année
Ryakunin 曆仁 (1238) un ordre impérial lui a donné le
nom de Tenjin Gohô Kinshokuji 天神護法錦織寺. C'est le
centre de la branche Kibe 木邊.

4. Honganji 本願寺. La 9e année Bunei 文永 (1272) la
dernière fille du patriarche, Kakushin 覺信, et le petit-fils
de celui-ci, Nyoshin 如信, fondèrent ensemble le temple
qui reçut le titre de Kuonjitsujô Amida Honganji 久遠實成

阿彌陀本願寺. Pendant la période Tenshô 天正 (1573-1591) il a été transféré à Horikawa 堀河, Kyoto. C'est le centre de la branche Honganji 本願寺.

5. Honganji 本願寺. Le 11e successeur du patriarche, Kôsa 光佐, eut pour fils aîné Kôju 光壽 qui fonda un temple à part à Karasumaru 烏丸, Kyoto, qui reçut aussi le nom de Honganji. C'est le centre de la branche Otani 大谷.

6. Kôshôji 興正寺. Le 14e patriarche du Bukkôji 佛光寺, Kyôgô 經豪, céda son temple à son disciple Kyôyo 經譽; lui-même il fonda à Yamashina 山科 en Kyoto-fu un monastère qui fut appelé Kôshôji 興正寺; ce monastère fut transféré plus tard à Horikawa 堀河, Kyoto. C'est le centre de la branche Kôshôji.

7. Gôshôji 毫攝寺. Fondé dans la 1e annéee Tempuku 天福 (1233) à Izumoji 出雲路 (Kyoto) par le patriarche de la secte qui le remit à son fils Zenran 善鸞. Il fut transféré dans la 1re année Keichô 慶長 à Ajimano 味眞野 en Echizen. C'est le centre de la branche Izumoji 出雲路.

8. Shôjôji 證誠寺. Pendant la période Shôgen 承元 (1207-1210) le (futur) patriarche de la secte, Shinran, y avait résidé; plus tard, sur la demande des fidèles, il y établit son fils aîné(Zenran); un édit impérial lui donna dans la suite le nom de Sangenzan Gonenin Shôjôji 山元山諡念院證誠寺. La 7e année Bummei 文明 (1475) il fut transféré en Echizen à Shinyokoe 新横江. C'est le centre de la branche Yamamoto 山元.

9. Jôshôji 誠照寺. La 1e année Shôgen 承元 (1207), le patriarche de la secte y résida et y prêcha; ce fut l'origine du temple. Il est en Echizen à Sabae 鯖江. C'est le centre de la branche Jôshôji.

10. Senshôji 惠照寺. Le nom primitif était Senjuji 專修寺. La 3e année Shôô 正應 (1290) il fut fondé par le patriarche de la branche Nyodô 如導. Il est maintenant en Echizen à Fukui 福井. C'est le centre de la branche Sammonto 三門徒.

Cette secte prend pour point de départ la doctrine canonique des deux Vérités : la vérité d'ordre pratique (samvrti satya) et la vérité d'ordre transcendant (paramârtha satya), mais elle donne à ces termes des valeurs particulières : la vérité d'ordre pratique consiste dans l'observance des lois séculières ; la vérité d'ordre transcendant consiste à rendre aux créatures les bontés que nous avons reçues du Bouddha, en les aidant à faire leur salut. L'adoration s'adresse à Amida 阿彌陀 (Amitâbha) à l'exclusion de tout autre Bouddha, Bodhisattva ou de quelque divinité que ce soit. La secte se fonde sur les trois sûtra d'Amida énumérés ci-dessus, sur les sâstra et commentaires de Nâgârjuna et des six autres docteurs qui ont été les précurseurs, et sur les ouvrages des patriarches, tous japonais. Cette secte est la seule qui autorise le mariage des prêtres, reconnu légalement par l'état pour toutes les confessions.

Branche Hompa Honganji 本派本願寺.

Temples et monastères, 9.759.—Abbés, 8.129 ; cumulants 943. —Temples détachés 54. —Temples sans abbés 666.— Temples et monastères sans souscripteurs perpétuels 494.— Locaux d'enseignement religieux 489. —Personnel breveté 9.370 ; stagiaires 2.084.—Souscripteurs perpétuels 1.445.151 foyers, 7.210.967 personnes ; occasionnels 143.342 personnes.

Missionnaires 252 : Hawai 40 ; Amérique du Nord 44 ; Sibérie 4 ; Sakhaline 11 ; Mers du Sud 6 ; Formose 34 ; Corée 58 ; Chine 38.

Œuvres sociales : prisonniers, secours aux pauvres, aux vieillards, aux victimes de guerre, aux sinistrés, aux malades, instruction, éducation, défense judiciaire, etc., 140.— Sociétés féminines, 1.550. Membres, 420.224.

Associations de jeunes gens, 152, membres 14.256.

Sociétés de propagande : Féminines 162 ; membres 22.011. Jeunes gens 32 ; membres 2.430. Boursiers d'études supérieures : au Japon, 26 ; à l'étranger 2.

1 Faculté libre, du Ryûkoku 龍谷. 3 écoles secondaires.—
3 lycées supérieurs de filles. 1 école de couture. 1 école
professionnelle supérieure de filles. — Institut d'études
bouddhiques.—Ecoles du Dimanche, 1.363 ; élèves 130.000.—
Ecoles en relation avec la secte, 21.—Jardins d'enfants 6.—
Fondation d'œuvres de défense et autres, 24. Budget ordinaire 759.739 yen.

Budget spécial : Budget spécial de la Faculté de Ryûkoku 184.654 Y.—Budget des écoles secondaires et des
instituts spéciaux 174.030 Y.—Budget de l'Institut d'études
bouddhiques 4.550 Y. —Budget de l'école professionnelle
supérieure de filles 47.169 Y.—Budget des lycées supérieurs
de filles 177.495 Y.

Total du budget spécial : 587.898 Y.

Total des budgets ordinaire et spécial 1.347.638 Y.

Propriétés immobilières : Terrains enclos. A (Propriétés
privées : a) des temples et monastères, 3.503.613 tsubo ; b)
des locaux d'enseignement religieux 192.789 ts.; c) des
fondations 1.467 ts.—B) Propriétés de l'Etat 64.771 ts.

Hors des enclos : Rizières a) 12.804.622 ts.—b) 58.129 ts.
c) 426 ts.—Champs a) 14.075.713 ts. b) 178.216 ts. c) 426 ts.
—Montagnes et forêts a) 23.442.214 ts. b) 461.905 ts. c) 326
ts.—Constructions : a) 362.453 ts. b) 4.286 ts. c) 8.917 ts.—
Divers a) 3.259.232 ts. b) 419 ts. c) 1.605 ts.

Fonds d'Etat : a) 296.141 Y. b) 1.058 Y. c) 154.179 Y.—
Valeurs en papier a) 399.005 Y. b) 6.536 Y. c)116.442 Y.—
Argent en dépôt a) 1.825.318 Y. b) 158.959 Y. c) 4.824 Y.
—Au total a) 2.520.465 Y. b) 166.553 Y. c) 275.446 Y.

N. B. Les propriétés indiquées ci-dessus appartiennent
aux temples et monastères autres que le Honganji lui-même
qui est le temple central, aux associations religieuses, aux
locaux d'enseignement religieux, et aux organisations jouis-
sant de la personnalité civile.

Propriétés de la secte : Terrains bâtis a) appartenant à
l'Etat 32.348.920 ts.; b) appartenant au Honganji : 22.765.330
ts.; Valeur 28.023.385 Y.—Terrains cultivés : Montagnes et
forêts, étangs et cimetières appartenant au Honganji 77.819

ts.; valeur 1.553.070 Y.—Constructions appartenant au Honganji 12.460.478 ts.

Biens mobiliers appartenant aux différentes fondations du Honganji : Fonds d'Etat 6.493.152 Y.; Argent en dépôt 215.608 Y.; au total : 6.708.761 Y.

Revenus annuels des temples, monastères, associations religieuses et locaux d'enseignement religieux 5.419.543 Y. (où les donations figurent pour 4.400.888 Y),

Branche Otani 大谷·

Temples et monastères (sans compter les filiales) 8.416.— Abbés 6.374.—Personnel breveté 11.929 ; non breveté 11.976. —Souscripteurs perpétuels 791.526 foyers ; occasionnels 573.485 foyers.

Terrains enclos : Propriété de l'Etat 928.348 ts. ; propriété privée 5.286.711 ts.

Hors des enclos : Terrains bâtis 293.424 ts.—Rizières et champs 204.692 se.—Montagnes et forêts 367.391 se.— Cimetières 164.128 ts.—Autres 146.287 ts.

Bâtiments : Salles de culte et logements 24.033,—Annexes 14.652.—Bâtiments en dehors des enclos 978.

Œuvres sociales (protection de l'enfance, de la maternité, instruction et éducation, placement, asiles, coopératives, assistance médicale, assistance judiciaire, retour à la terre) 2.200.

Missions 95 : Corée 45 ; Chine 75 ; Amérique 5 ; Mers du Sud 2 ; Formose 3 ; Sakhaline 15. Locaux d'enseignement religieux 656.

Etablissements d'enseignement 14 : Faculté libre 1 ; 337 étudiants. Séminaires 3 ; 175 élèves. Ecoles secondaires 2 ; 1.177 élèves, Ecoles de filles 8 ; 2.298 élèves. En mission à l'étranger 7 : Amérique 4 ; Angleterre 1 ; Allemagne 1 ; France 1.—Budget ordinaire 1, 352, 192 Y.

Branche Kôshôji 興正寺·

Temples et monastères 287. Abbés 246. Personnel

breveté 645 ; non breveté 1.317. Locaux de réunions
religieuses 215. Souscripteurs perpétuels 70.000 foyers ;
occasionnels 26.720 foyers.

Budget : 80.000 Y.

Séminaires 2 ; 53 élèves, 1 en Europe.—Missions : Hokkaidô, Mandchourie.

Branche Bukkôji 佛光寺.

Temples et monastères 346. Abbés 272. Locaux de
réunions et d'enseignement religieux 29. Personnel breveté
353 ; non breveté 345. Souscripteurs perpétuels 127.669 ;
occasionnels 28.143.

Branche Izumoji 出雲路.

Temples et monastères 47. Abbés 38. Locaux d'enseignement religieux 15. Chapelles 63. Personnel breveté 67 ;
non brevetè 59. Souscripteurs perpétuels 4.500 ; occasionnels 8.050.

Budget 13.250 Y.

Ecoles du dimanche 3. Jardin d'enfants 1. Asile de
vieillards 1.

Branche Kibe 木邊.

Temples et monastères 57. Abbés 49. Personnel breveté
120 ; non breveté 72. Souscripteurs perpétuels 26.774 ;
occasionnels 29.247.

Propriétés immobilières : Enclos 14.352 ts.—Montagnes et
forêts 5.400 ts.—Rizières et champs 44.600 ts.—Bâtiments
5.300 ts.

Budget 10.000 Y.

Ecole d'été pour les bonzes 1 ; 25 élèves ; écoles du
dimanche 5.

Missions : Hokkaidô ; Sakhaline.

Branche Jôshôji 誠照寺.

Temples et monastères 50. Abbés 35. Personnel breveté 39 ; non breveté 34. Souscripteurs perpétuels 29.969 ; occasionnels 5.129.

Propriétés immobilières : Enclos, 17.174 ts.—Montagnes et forêts 3.432 se.—Rizières et champs 1.742 se. Constructions 4.417 ts.

Budget 14.500 Y.

Boursiers 21.—Missions Hokkaidô.

Branche Sammonto 三門徒.

Temples et monastères 33. Abbés 27. Locaux d'enseignement religieux 7. Personnel breveté 58 ; non breveté 104. Souscripteurs perpétuels 19.972 ; occasionnels 16.554.

Budget 8.500 Y.

Ecoles du dimanche 5 ; 876 élèves. Jardin d'enfants 1 ; 80 enfants.

Branche Takada 高田.

Temples et monastères 618. Abbés 501. Personnel breveté 786 ; non breveté 277. Locaux de réunions et d'enseignement religieux 50. Souscripteurs perpétuels 267.365 ; occasionnels 64.750.

Branche Yamamoto 山元.

Temples et monastères 12. Abbés 11. Locaux d'enseignement religieux 5. Personnel breveté 28 ; non breveté 14. Souscripteurs perpétuels 3.100.

Secte Ji (Jishû 時宗).

La secte date de la 2e année Kenji (1276) ; elle a été instituée par le moine Ippen 一遍. Le principe de la secte c'est exclusivement l'invocation d'Amida, en mettant à profit toute occasion. Centre principal : Shôjôkôji 清淨光寺 (Fujisawa 藤澤).

Textes fondamentaux : les trois sûtra d'Amida.

Temples et monastères 497. Abbés 358. Chapelles 5. Locaux de réunions et d'enseignement religieux 5. Personnel breveté 433 ; non breveté 239. Souscripteurs perpétuels 185.606 ; occasionnels 88.589.

Budget 13.911 Y.

Œuvres sociales 37. Séminaire 1. Ecoles secondaires 4 ; 720 élèves.

Secte Kegon 華嚴.

Pendant la période Tempyô, le moine chinois Tao-siuan (Dôsen 道璿) vint au Japon (VIIIe siècle) et transmit la doctrine à Ryôben 良辨 du Tôdaiji 東大寺 qui la propagea.

Le Kegonkyô 華嚴經 (Avatamsaka sûtra) est l'autorité de cette secte ; d'où son nom. Centre : Tôdaiji 東大寺 (Nara).

Temples et monastères 27. Abbés 18. Local de réunion 1. Personnel breveté 22 ; non breveté 8. Souscripteurs perpétuels 225 ; occasionnels 22.840.

Secte Yûzû-Nembutsu 融通念佛.

Cette secte a été fondée en 1124 (1e année Tenji 天治) par le moine Ryônin 良忍 (Shôô-daishi 聖應大師) ; elle proclame la solidarité universelle dans la poursuite du salut. " Un homme, tous les hommes ; tous les hommes, un homme ; un agit, tous agissent ; tous agissent, un agit ; c'est ce qu'on appelle aller naître au Paradis par la force d'autrui ". Textes fondamentaux : Hokkekyô 法華經 (Saddharmapundarîka), Kegonkyô 華嚴經 (Avatamsaka). Textes secondaires : les trois sûtra d'Amida (ci-dessus), Ojôron 往生論 (ib.), Bommokyô 梵網經 (Brahmajâlasûtra). Centre : Dainembutsuji 大念佛寺 en Osaka-fu.

Temples et monastères 355. Chapelles 648. Abbés 231. Personnel breveté 291 ; non breveté 152. Souscripteurs

perpétuels 130.421 ; occasionnels 2.801. Propriétés immobilières : Enclos 72.417 ts.; Rizières 794 chô. Champs 224
chô. Montagnes et forêts 17 chô. Constructions 27.761 chô.
Budget 14.918 Y.

Séminaire 1 ; 9 élèves. Oeuvres sociales 2. Jardin d'enfants 1.

Secte Hossô 法相.

Cette secte fut introduite au Japon par le moine Dôshô
道昭 qui était allé en Chine et y avait reçu l'enseignement
de Hiuan-tsang ; il avait étudié le système Vijnaptimâtra.
Centres : Hôryûji 法隆寺, Yakushiji 藥師寺, Kôfukuji 興福
寺 à Nara.

C'est l'école du Vijnaptimâtra transportée au Japon. Ses
notions fondamentales sont le laya (âlayavijnâna, Idéation
de Tréfonds), le kunjû 薰習 (vâsanâ, imprégnation), dont
le jeu se marque dans l'enchaînement des causes et des
effets.

Textes fondamentaux : Les 6 sûtra : Kegonkyô 華嚴經
(Avatamsaka) ; Gejimmikkyô 解深密經 (Sandhinirmocana-
sûtra), Nyoraishutsugenkudokushôgonkyô 如來出現功德莊嚴
經 et Abidatsumakyô 阿毘達磨經 (Abhidharmasûtra) non
traduits en chinois, Ryôgakyô 楞伽經 (Lankâvatârasûtra,
Kôgonkyô 厚嚴經 (Ghanavyûha, Nj. 444). Les 11 sâstra :
Yugashijiron 瑜伽師地論 (Yogâcârabhûmi, Nj. 1170) ; Ken-
yôshôkyôron 顯楊聖教論; Daijôshôgonron 大乘莊嚴論 (Mahâ-
yânasûtrâlankâra Nj. 1190), Shûryôron 集量論 (Pramânasa-
muccaya de Dinnâga, Shôdaijôron 攝大乘論 (Mahâyâna-
samparigraha, Nj. 1183), Jûjiron 十地論 (Dasabhûmi, Nj.
1194), Fumbetsuyugaron 分別瑜伽論 (?), Kanshoenenron 觀所
緣緣論 (Alambanapratyayaparîksâ ? Nj. 1173), Nijûyuishikiron
二十唯識論 (Vimsatika, Nj. 1240), Benchûbenron 辨中邊論
(Madhyantavibhaga, Nj. 1244), Abidatsumazôshûron 阿毘達
磨雜集論 (Abhidharmasangîti, Nj. 1199).

Temples et monastères 44. Abbés 19. Chapelles 47.
Personnel breveté 118 ; non breveté 563. Souscripteurs

perpétuels 1.102 ; occasionnels 10.309.

Propriétés immobilières : Enclos a) propriété de l'Etat 72.126 ts.—b.) Propriété privée 1.861 ts.—Rizières et champs 1.334 se. Montagnes et forêts 3.576 se.—Bâtiments 7.513 ts. Budget 1·185 Y.

Séminaire I.

Secte Nichiren 日蓮.

La secte a été fondée pendant l'ère Kenchô 建長 (1249-1255) par le moine Nichiren 日蓮. On l'appelle aussi Hokkeshû 法華宗 (secte de la fleur de la Loi-Saddharmapundarîka), à cause de son texte fondamental qui est le Lotus de la Bonne Loi (Myôhôrengekyô 妙法蓮華經) ; ce texte est l'autorité unique. Après la mort de Nichiren, il se produisit graduellement des différences d'interprétation en matière de doctrine. Actuellement il y a 9 branches :

1. (Tanshô) Nichiren-shû (單稱) 日蓮宗. Le nom primitif était Icchi-ha 一致派 (branche unifiée). Centre principal : Kuonji 久遠寺 (Yamanashi-ken). Centres secondaires : Hommonji 本門寺 (Tokyo), Honkokuji 本圀寺 (Kyoto), Myôkenji 妙顯寺 (Kyoto), Hokekyôji 法華經寺 (Chiba-ken) etc. au nombre de 39 temples.

2. Hommon-shû 本門宗. En principe, c'était une sous-branche ; plus tard elle est devenue une branche sous le nom de Kômon-ha 講門派, et enfin elle a été nommée Hommon-shû. Le disciple de Nichiren, Nikkô 日講, est le patriarche de la branche. Centres : Hommonji 本門寺 (Kitayama 北山, en Suruga), Yôhôji 要法寺 (Kyoto), Jitsujôji 實成寺 en Izu, Myôrenji 妙蓮寺 et Kuonji 久遠寺 (en Suruga), Myôhonji 妙本寺 (en Awa) Hommonji 本門寺 (Nishiyama 西山, en Suruga).

3. Hokke-shû 法華宗. Primitivement le nom en était Honjôji-ha 本成寺派. Le second successeur de Nichiren, Nichiin 日印, est le patriarche de cette branche. Centre principal : Honjôji (en Echigo).

4. Kempon-hokke-shû 顯本法華宗. Primitivement le nom

en était Myômanji 妙滿寺. Nichijû 日什 en est le patriarche. Centre principal : Myômanji 妙滿寺 (Kyoto).

5. Hommon-hokke-shû 本門法華宗. Primitivement le nom en était Happon-ha 八品派. Nichiryû 日隆 en est le patriarche. Centres actuels : Kôchôji 光長寺 (Shizuoka-ken), Shûzanji 鷲山寺 (Chiba-ken), Myôrenji 妙蓮寺 et Honnôji 本能寺 (Kyoto), Honkôji 本興寺 (Hyôgo-ken),

6. Hommyô-hokke-shû 本妙法華宗. Primitivement le nom en était Honryûji-ha 本隆寺派. Nisshin 日眞 en est le patriarche. Centre principal : Honryûji (Kyoto).

7. Nichiren-shôshû 日蓮正宗. C'était primitivement une école du Hommon-shû 本門宗. En l'année 33 de Meiji 明治 (1900) elle s'est constituée à part sous le nom de Nichiren-Fuji-ha 日蓮富士派. En l'an 45 Meiji (1912) elle a changé son nom en celui de Nichiren-shôshû. Centre principal : Daisekiji 大石寺 (Suruga).

8. Nichiren-shû-fuju-fuse-ha 日蓮宗不受不施派. C'était primitivement une école de Icchi-ha 一致派. Nichiô 日奥 en est le patriarche. Centre principal : Myôkakuji 妙覺寺 (en Bizen).

9. Nichiren-shû-fuju-fuse-kômon-ha 日蓮宗不受不施講門派. —Nikkô 日講 en est le patriarche. En l'an 15 de Meiji (1882) elle a reçu son nom.

Le texte fondamental est le Myôhôrengekyô 妙法蓮華經 (Saddharmapundarîkasûtra) ; le titre de cet ouvrage est assez sacré par lui-même pour servir d'initiation au salut. Deux chapitres, celui qui traite des Moyens (Upâyakausalya, ch. 11) et celui qui traite de la Durée de la vie des Tathâgata (Tathâgatâyus, ch. XV) sont particulièrement recommandés pour la lecture. En outre, le Muryôgikyô 無量義經 (Nj. 133) et le Kanfugenkyô 觀普賢經 (Nj. 394), les commentaires des textes canoniques, les ouvrages de Nichiren et de ses successeurs.

Secte Nichiren 日蓮.

Temples et monastères 3.650. Abbés 3.310. Chapelles

86. Locaux d'enseignement religieux 573. Personnel breveté 3.243 ; non breveté 5.793. Souscripteurs perpétuels
1.422.315 foyers ; occasionnels 38.783 foyers.

Œuvres sociales : 73.

Faculté libre 1.—Lycées 2 ; écoles 10, total des élèves
21.289. En mission 4. Angleterre 1 ; Allemagne 2 ; Etats-
Unis 1.

Propriètés immobilières : Enclos 2,028.176 ts. (propriété de
l'Etat 1.215.966 ts. ; propriété des monastères 808.086 ts. ;
appartenant à d'autres 4.123 ts).

Cimetières 741.201 ts. (á l'Etat 276.777 ts. ; aux monastères, 332.489 ts. ; en co-propriété 106.593 ts).—Hors clôture :
Constructions 1.813.812 ts.—Rizières 18.044.702 ts.—Champs,
16.241.015 ts.—Montagnes et forêts, 28.751.226 ts.—Divers
2.523.204 ts.—Missions : Sakhaline, Formose, Corée, Mandchourie, Chine, Amérique, Hawai.

Secte Hommon-hokke-shû 本門法華宗.

Temples et monastères 332. Abbés 163. Locaux d'enseignement religieux 37. Stations de prédication 69.
Personnel breveté 585 ; non breveté 19. Souscripteurs
perpétuels 123.073 ; occasionnels 77.089.

I école secondaire.

Secte Nichiren-shôshû 日蓮正宗.

Temples et monastères 135. Abbés 50. Personnel breveté 89 ; non breveté 78. Locaux de prédication 31.
Souscripteurs perpétuels 34.324 ; occasionnels 33.899.

Secte Kempon-hokke-shû 顯本法華宗.

Temples et monastères 404. Abbés 327. Personnel breveté 138 ; non breveté 19. Souscripteurs perpétuels
145.977 ; occasionnels 21.459.

Secte Hokke-shû 法華宗·

Temples et monastères 126. Abbés 123. Personnel breveté 50 ; non breveté 48. Locaux d'enseignement religieux 16. Souscripteurs perpétuels 49.524 ; occasionnels 7.094.

Secte Hommyô-hokke-shû 本妙法華宗·

Temples et monastères 65. Abbés 61. Personnel breveté 100 ; non breveté 21. Locaux d'enseignement religieux 16. Souscripteurs perpétuels 21.502 ; occasionnels 1.368.

Secte Nichiren-shû-fuju-fuse-ha 日蓮宗不受不施派·

Temples et monastères 3. Abbé 1. Personnel breveté 7 ; non breveté 8. Locaux d'enseignement religieux 14. Souscripteurs perpétuels 27.898.

Secte Nichiren-shû-fuju-fuse-kômon-ha 日蓮宗 不受不旋講門派·

Temple et monastère 1. Abbé 1. Personnel breveté 14. Locaux d'enseignement religieux 4. Souscripteurs perpétuels 4.918 ; occasionnels 4.859.

Secte Hommon-shû 本門宗·

Temples et monastères 213. Abbés 163. Locaux de réunions et d'enseignement religieux 25. Associations de fidèles 3. Personnel breveté 218 ; non breveté 107. Souscripteurs perpétuels 98.428 ; occasionnels 46.068.

Propriétés immobilières : Enclos 177.341 ts.—Montagnes et forêts 319 chô.—Rizières et champs 326 chô.—Constructions 20.256 ts.

Budget central de la secte 3.510 **Y.**

Séminaires 3.

Œuvres sociales 3. Association de jeunes gens 22 ; 770 membres.—Associations de jeunes filles 18 ; 540 membres. —Ecoles du dimanche 5 ; 1.350 élèves.

Missions : Hokkaidô, Corée, Mandchourie.

Une nouvelle Edition du Canon bouddhique

Nous nous proposons de faire connaître par une suite de notices les grandes collections intéressant les études bouddhiques qui sont en cours de publication ou qui ont paru dans ces dernières années. Nous tenons à donner dès aujourd'hui les informations que nous avons pu recueillir sur la nouvelle édition de ce qu'on appelle couramment le " Tripitaka chinois ". Le Catalogue classique de cette collection (telle qu'elle se présente dans l'édition chinoise du temps des Ming) publié par M. Bunyû Nanjio 南條文雄 (A Catalogue of the Chinese translation of the Buddhist Tripitaka, the Sacred Canon of the Buddhists in China and Japan. Oxford, Clarendon Press 1883) a propagé cette désignation dans l'usage des savants en Occident. Mais on sait généralement que sous cette rubrique il faut entendre, non-seulement les textes canoniques qui passent pour remonter au Bouddha lui-même, mais aussi les ouvrages de patristique ou de scolastique composés par des auteurs indiens ou chinois, parfois même des traités hérétiques. Nous n'avons pas à donner ici un catalogue des éditions antérieures. Il suffira de renvoyer pour les éditions chinoises et coréennes à une excellente notice de M. Demiéville, ajoutée en Appendice à sa traduction des Versions Chinoises du Milinda-panha (Bulletin de l'Ecole Française d'Extrême-Orient t. XXIV, 1924, p. 181-218),—et pour les éditions japonaises, à un résumé très succint contenu dans l'encyclopédique annotation de " Hônen, the Buddhist Saint," tr. Coates and Ishizuka 石塚, Kyoto, Chionin, 1925, p. 193.

Comme toutes les entreprises japonaises, la nouvelle édition présente un double intérêt, par les éléments traditionnels qu'elle reproduit et par les traits nouveaux qu'elle y introduit. Le travail qui s'accomplit sous nos yeux nous aide à comprendre comment, dans quelles réalités concrètes, les générations antérieures ont accompli leur propre travail. Nous avons donc jugé utile d'indiquer ici, dans un aperçu rapide, l'organisation et l'administration de l'entreprise.

Le titre de la nouvelle édition est Taishô Issai-kyô 大正一切經, le Tripitaka de Taishô, en commémoration de l'empereur Taishô (mort le 24-25 décembre 1926) sous le règne de qui elle a été commencée. Une société spéciale s'est constituée pour assurer la publication : Taishô Issai-kyô Kankôkwai 大正一切經刊行會. Le siège en est à Tokyo, arrondissement de Koishikawa, Sekiguchi-Daimachi No. 5. Les directeurs sont deux savants réputés : M. J. Takakusu 高楠順次郎, Membre de l'Académie Impériale du Japon, et M. K. Watanabe 渡邊海旭, professeur de sanscrit à l'Université Taishô, Tokyo, Le plan qu'ils ont élaboré, et qui a été adopté, dépasse en étendue toutes les éditions antérieures, à la fois par la richesse des matériaux utilisés et par le nombre des ouvrages admis. L'édition de Tokyo (1880-1884), la plus complète qui ait encore paru, contient 1916 ouvrages en 8.534 chapitres ; à l'édition chinoise des Ming, elle a ajouté un nombre important de textes précieux conservés seulement dans l'édition coréenne de 1251 et quelques ouvrages d'origine japonaise. Le Taishô Issai-kyô comprendra 2.656 ouvrages en 12.541 chapitres. A l'édition de Tokyo il ajoute les textes les plus importants incorporés dans la collection du Supplément du Tripitaka (Zokuzô 續藏) parue à Kyoto (Zôkyô Shoin 藏經書院) en 1912, et devenue introuvable, les textes nouveaux (154) fournis par les explorations de l'Asie Centrale, des inscriptions historiques, des traités (586) écrits en Chine, en Corée, au Japon, des mémoires historiques, géographiques, biographiques, enfin les œuvres les plus importantes des patriarches du bouddhisme japonais. Les éditeurs avaient prévu un total de 55 volumes, et les prix avaient été établis sur ce chiffre. Mais la matière mise en œuvre dépasse le cadre ; les 55 volumes ne suffiront qu'à 2.160 ouvrages, en 9.030 chapitres. Il faut espérer qu'une publication supplémentaire permettra l'édition totale des textes élaborés.

Les matériaux utilisés comprennent : 1º les éditions publiées en Chine (Song du Nord et du Sud, Yuan, Ming), en Corée (1251), au Japon (Tokyo 1884 ; Kyoto : Zôkyô et Zokuzô) ; 2º les textes découverts en Asie Centrale (collection Stein au British Museum ; collection Pelliot à la Bibliothèque Nationale ; textes provenant de Touen-houang transportés à Pékin ; textes de même provenance entrés dans les collections privées du Japon ; 3º les textes conservés au Japon (d'abord la magnifique collection de l'ère Tempyô 天平 (729-748) conservée au Shôsô-in 正倉院 de Nara, et les nombreux exemplaires de valeur conservés dans les temples anciens, en Chine et en Corée ; 4º les documents épigraphiques.

Un trait original du Taishô Issai-kyô, et qui assurera aux éditeurs la reconnaissance de tous les savants, c'est la compilation d'index détaillés. En principe, chaque volume aura son index spécial ; si le volume contient plus de 2 divisions, chaque division aura un index particulier. L'ensemble sera fondu dans un index général qui sera établi et publié après l'achèvement de l'ouvrage. Pour mettre ce précieux instrument de recherches à la portée de tous les travailleurs, les index seront vendus à part, au prix de 1 yen 50 le fascicule. L'index du volume 1 (Dîrghâgama et Madhyamâgama) a déjà paru ; il permet de mesurer l'importance du travail accompli et du service rendu. Il est divisé en 30 rubriques : 1 Bouddha ; 2 les personnes humaines ; 3 races et tribus ; 4 dieux et démons ; 5 cosmologie ; 6 géographie ; 7 monastères ; 8 animaux ; 9 plantes ; 10 minéraux ; 11 ornements et ustensiles ; 12 vêtements ; 13 nourriture et boisson ; 14 astronomie, météorologie et astrologie ; 15 saisons ; 16 poids et mesures ; 17 rituel, divination, exorcisme ; 18 arts ; 19 architecture ; 20 physiologie ; 21 médecine ; 22 politique, lois, économie ; 23 commerce ; 24 manières et coutumes ; 25 littérature sacrée ; 26 catégories numériques ; 27 termes techniques : 28 sanscrit, pali, pracrits ; 29 hérésies ; 30 divers.

Ici on peut dire que le mieux est l'ennemi du bien ; pour avoir désiré trop vivement faciliter la besogne aux chercheurs, les éditeurs ont compliqué leur besogne propre sans profit appréciable. Des rubriques trop nombreuses rendent la classification souvent incertaine, et le chercheur risque de trouver autant de peine à dénicher un mot que le compilateur à le mettre en place. Un index unique, où chaque mot de renvoi figure à son ordre alphabétique, est le plus commode à préparer et le plus commode à consulter. Les index analytiques sont des monographies avortées.

L'index du volume 1 occupe 56 pages à 3 colonnes chaque, avec 60 mots environ par colonne. On peut mesurer à ce jaugeage la valeur du trésor contenu dans le premier index.

Il convient de signaler aussi l'importance de l'annotation ajoutée au bas des pages du texte. L'édition de Tokyo avait déjà réalisé un progrès capital en créant la critique du texte ; les variantes des éditions antérieures avaient été soigneusement relevées. La nouvelle édition n'a pas seulement enrichi cet appareil critique ; elle s'applique à marquer les parallèles sanscrits et palis des ouvrages et des portions d'ouvrages incorporés dans des textes étendus : jâtaka, avadâna, stances etc. Ici, la mémorable concordance des Agama chinois et des Nikâya palis publiée par M. Anesaki avait frayé la voie.

Les nombreux éléments dont l'ensemble constitue ce qu'on appelle le Canon bouddhique chinois ou le Tripitaka chinois n'ont jamais été l'objet d'un classement définitif ; chaque éditeur a toujours été libre de les grouper dans l'ordre qui pouvait lui plaire. MM. Takakusu et Watanabe ont pu innover à leur tour ; ils ont cherché à séparer soigneusement le Tripitaka proprement dit, c'est à dire les textes attribués au Bouddha lui-même, de la patristique et des commentaires. Voici l'ordre auquel ils se sont arrêtés :

    I.   Agama....................2 volumes................. (I.II)
    II. Jâtaka 2   "   ....(III.IV)

Les stages d'élaboration ont été répartis comme suit :

Une équipe de 30 collaborateurs, dont 23 titulaires et 7 adjoints, travaillent à la préparation du texte, collation, révision, annotation. La correction des épreuves emploie 19 personnes, dont 12 titulaires et 7 adjoints. Le bon à tirer n'est donné que sur la 6e épreuve. Un personnel spécial procède à la besogne délicate de la ponctuation des textes. Enfin 6 personnes, dont 4 titulaires et 2 adjoints, préparent les index. Tout ce personnel titulaire sort de la Faculté Impériale et des autres écoles supérieures. Enfin des ateliers particuliers sont chargés du clichage, de la reliure, et des expéditions.

A la date du 1er mai 1927, les volumes 1-17, 20-29, 31-35, 37-38, 50 sont publiés ; le volume 49 (histoire et biographie 1) est en cours d'impression.

Il ne sera pas superflu d'indiquer ici les conditions de vente :

Relié toile	Broché	Papier japonais
	en deux versements :	
627 Y.	574,80 Y.	836 Y.
	en un versement :	
594 Y.	545,50 Y.	792 Y.
	le volume :	
12 Y.	11 Y.	16 Y.

Un Vocabulaire technique du Bouddhisme.

A la suite d'une entente avec M. Sonyû Otani 大谷尊由, primat de l'Eglise du Nishi Honganji, la Maison Franco-Japonaise va devenir le siège d'un travail scientifique d'une portée considérable. Depuis des années, les spécialistes des études bouddhiques en Occident souhaitaient d'avoir à leur disposition, dans une langue qui leur fût accessible, les matériaux contenus dans les dictionnaires et les encyclopédies compilés au Japon d'après les sources chinoises et japonaises. La Fédération des Sociétés Asiatiques Interalliées avait, à chacune de ses sessions, renouvelé un vœu dans ce sens. Mais le projet se heurtait à un obstacle qui demeurait insurmontable ; il était impossible de réunir, soit en Orient. soit en Occident, un ensemble de collaborateurs japonais et occidentaux tel qu'une pareille entreprise l'exigeait. La création de la Maison Franco-Japonaise a heureusement transformé la situation. Le rapprochement qui s'y est réalisé entre les orientalistes français et les orientalistes japonais a favorisé la formation d'une équipe susceptible d'aborder ce travail de traduction et d'adaptation. M. S. Otani a bien voulu prendre à sa charge les dépenses tant d'élaboration que de publication. La Maison Franco-Japonaise met au service de l'entreprise un local avec les installations nécessaires. Le chef reconnu des études bouddhiques au Japon, le Prof. J. Takakusu a consenti à partager avec M. Sylvain Lévi la direction scientifique.

Le vocabulaire général du bouddhisme au Japon, tel qu'il est enregistré et défini dans la plupart des encyclopédies bouddhiques japonaises, n'a fait jusqu'ici l'objet que d'un seul travail européen ; le savant russe O. Rosenberg en a publié un dépouillement dans son Introduction to the study of Buddhism according to Material preserved in

Japan and China. Part 1. Vocabulary. A Survey of Buddhist Terms and Names arranged to Radicals with Japanese readings and sanskrit equivalents. Tokyo 1917. Rosenberg y a patiemment rassemblé et classé, par le procédé qu'indique le titre, toutes les rubriques qui figurent dans les dictionnaires spéciaux publiés au Japon jusqu'à la date où son ouvrage a été compilé. Mais aucune explication n'accompagne ces rubriques ; il n'a donné qu'un index général de la matière. En outre, depuis sa compilation, il a paru plusieurs dictionnaires, dont deux au moins sont d'un intérêt capital : le Bukkyô Daijiten 佛教大辭典 de Oda Tokunô 織田得能 publié en 1917, et le Bukkyô Daijii 佛教大辭彙 édité par les soins du Nishi Honganji 西本願寺. L'ensemble du vocabulaire peut se répartir en trois catégories : les termes techniques et les notions techniques originaires de l'Inde ; les termes techniques et les notions techniques originaires de la Chine ou du Japon ;—les noms propres, historiques ou géographiques, auteurs, ouvrages etc. Pour être sûr d'aboutir, et pour aboutir plus rapidement, il a paru préférable de ne retenir d'abord que les mots de la première catégorie, susceptibles d'intéresser le public le plus étendu puisqu'ils constituent le fonds commun du bouddhisme en général. Si le succès répond à l'effort, et si les moyens matériels permettent de le prolonger, il sera loisible de reprendre dans des ouvrages du même type les mots des deux autres catégories.

On se propose de publier simultanément deux rédactions de l'ouvrage : l'une en langue française, l'autre en langue anglaise. Une circulaire ultérieure donnera des précisions sur l'étendue présumée de la publication, sur la date probable de l'achèvement, sur le prix de souscription, sur le nombre des fascicules prévus. On peut toutefois spécifier dès maintenant que les rubriques figureront sous leur forme japonaise, transcrites selon l'usage courant, mais classées dans l'ordre de l'alphabet latin, que les équivalents sanscrits, palis, même tibétains éventuellement, et les prononciations chinoises seront donnés autant que possible.

et que des index polyglottes permettront aux chercheurs de retrouver rapidement dans l'intérieur du dictionnaire sous les rubriques japonaises les termes qu'ils connaîtraient seulement sous des formes différentes.

昭和二年七月十五日印刷
昭和二年七月二十日發行

日佛會館學報

佛文編（一）

【定價金壹圓】

編輯及發行代表者　　木島孝藏

印刷者　　岩本米次郎
東京芳山南町七丁目二番地

發行所

日佛會館

東京市麹町區永田町二丁目廿八番地

發賣所　白水社　東京市神田區小川町廿番地

愛光堂印刷所印行

Publications de la Maison Franco-Japonaise

Série Japonaise

Conférences du Prof. Ch. Achard......*Prix :* 2 *Yen*

Texte français accompagné d'une
traduction japonaise

La Culture Franco-Japonaise
Nọ 1......*Prix :* 2 *Yen*
Sommaire

    Les articles rédigés en langue japonaise sont accompagnés d'une analyse
en langue française.

Série Française

Bulletin de la Maison Franco-Japonaise
No 1: Matériaux japonais pour l'étude du
bouddhisme, par Sylvain Lévi

日佛會館出版書目

――◦◦❖◦◦――

▲シャルル・アシャル氏講演集　（定價金貳圓）

目次

（日本文翻譯ト佛語ノ原文チト併載セリ）

▲日佛文化　第一輯　（定價金貳圓）

目次

（日本文ニ對シテハ大要の佛譯チ附載セリ）

▲日佛會館學報

シルバン・レビ教授編輯
日本佛教研究資料

佛文編一　（定價金壹圓）

目次　翻譯

シルバン・レビ編輯

日本佛教研究資料

日佛會館學報

佛文編（一）

東京

日佛會館

昭和二年

www.ingramcontent.com/pod-product-compliance
Ingram Content Group UK Ltd.
Pitfield, Milton Keynes, MK11 3LW, UK
UKHW022347070726
13614UKWH00003B/1160